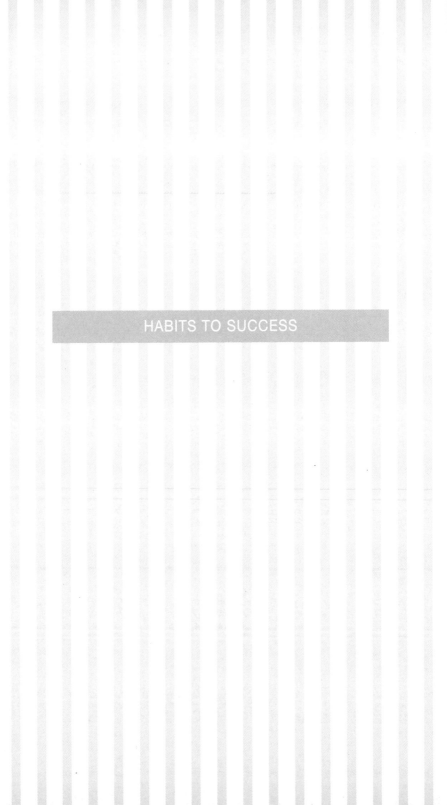

HABITS TO SUCCESS

HABITS TO SUCCESS

습관을 지배하라

습관을 지배하라

마쓰나이 고도 지음 | 윤 성 옮김

펴낸이 | 최병섭　　펴낸곳 | 이가출판사
초판 발행 | 2014년 1월 13일
주　　소 | 서울시 영등포구 신길동 194-70
대표전화 | 716-3767　　팩시밀리 | 716-3768
E-mail | ega11@hanmail.net
ISBN | 978-89-7547-094-3 (03320)

습관을 지배하라

마쓰나이 고도 지음 | 윤성 옮김

이가출판사

"습관은 낱개로 떨어지는 눈과 같다. 처음에는 소리도 없이 떨어지지만 알아차렸을 때에는 이미 나무를 집어삼킬 수 있을 만큼 쌓여 있다. 습관도 처음에는 눈송이와 같이 미약한 하나의 행동에 불과하다. 그러나 깨달았을 때는 꼼짝없이 복종해야 하는 거대한 힘이 된다. 눈이 쌓이면 작은 울림에도 눈사태가 일어나 사람을 다치게 하듯, 나쁜 습관이 모이면 그 하나하나가 인생 전체를 상처 낼 수도 있다."

제러미 벤담은 습관을 이렇게 말하고 있다.

습관은 동일한 자극이 지속적으로 이루어져 그에 대한 반응이 여러 번 반복됨으로써 무의식적으로 만들어지는 무형의 힘이다. 이 힘은 미약했을 때는 보이지도 느껴지지도 않지만 의식의 표면으로 떠올랐을 때에는 완고한 형태를 갖춰 생각과 행동을 지배한다.

지금 이 순간에도 습관은 조용하게 생성되고 있다. 그리고 나쁜 습관은 대개 좋은 습관보다 빨리 형성되어 무성한 그늘을 드리운다. 좋은 습관은 이러한 나쁜 습관을 강하게 물리치는 가운데 생긴다. 또한 그렇게 형성된 좋은 습관은 생각과 행동에 영향을 주어 끝내는 인생까지 변화시킨다. 그것이 바로 습관이 지닌 힘이다.

그래서 습관의 형성은 그 첫 단계가 중요하며, 항상 신중해야 한다. 중간에 고치려고 해도 쉽지 않기 때문이다. 습관은 정신적인 것이든 육체적인 것이든 좋은 것이어야 한다. 좋은 습관을 기르는 법은 의외로 간단하다. 좋은 습관이 성공을 불러온다고 확신하며 스스로를 경계하

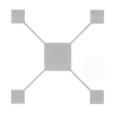

는 것이다. 매일매일 반복하는 것이 힘들 수도 있지만 그것도 일단 익숙해지면 즐거운 것이 된다.

인간이라면 누구나 성공하고 싶어 한다. 어떤 사람은 그 갈망이 강해서 자나 깨나 머리에서 떨쳐버리지 못하는 경우도 있다. 그러나 성공은 그렇게 어려운 것이 아니다. 다만 그 방법을 터득하지 못했기 때문에 성공하지 못하는 것이다. 성공하기 위해 안달이 난 사람들은 자기의 능력이나 실력을 생각하지 않고 단숨에 두세 계단을 뛰어 올라가려는 사람도 있다. 그런 사람은 일시적인 성공은 거둘 수 있을지 모르지만 머잖아 다시 땅으로 떨어지고 말 것이다. 성공하려면 자신의 실력을 정확히 알고 무리하지 않고 뜻한 바대로 묵묵히 밀고 나가야 한다. 원하는 것을 얻기 위해서는 인내하며 노력해야 한다.

많은 사람들이 의지만 있으면 모든 것을 성취할 수 있다고 생각하지만, 성공의 시작은 의지지만 성공이라는 결과는 노력과 습관의 몫이다. 성공은 그 과정이 깊어짐에 따라 습관의 영향을 받게 된다. 습관은 분명 성공에 대한 그 자신의 의지를 지배한다.

습관이라는 말은 라틴어의 '갖는다' 에서 파생되었으며 '되돌려 받는다' 라는 뜻도 포함하고 있다. 다양한 경험과 시행착오를 거듭한 끝에 '되돌려 받아 갖는다' 는 것이다. 하루하루 좋은 행동의 씨를 뿌려서 꾸준히 좋은 습관을 만들어 나가야 한다. 좋은 습관으로 자신을 지배한다면 성공의 새로운 문을 열 수 있을 것이다.

HABITS TO SUCCESS

c·o·n·t·e·n·t·s

1장 습관은 무의식의 자각을 추종한다

2장 습관은 관계와 일상을 지배한다

3장 반복되는 자신의 습관에 집중하라

4장 좋은 습관을 지배하라

5장 의지력도 습관으로 만들어라

6장 습관으로 인생을 변화시켜라

우리의 인생은 수정할 수 없는 생방송이다. 나중에 개선할 수 있다는 생각은 또 다른 후회만을 쌓아가는 일이다. 비록 개선하고 발전의 밑거름으로 삼을 수는 있겠지만, 오늘 할 일을 그만큼 더 늘이는 결과 만을 초래한다. 또한 오늘 이 순간을 절실하게 보내지 않았다는 결과는 결코 수정할 수 없다.

1

습관은
무의식의 자각을
추종한다

Power of habit

01..

단념하지 않는 *끈기*를 갖는 습관

끈기를 습관으로 몸에 지니게 되면 난관에 부딪히더라도 침착한 태도를 보이게 된다

부서지기 쉬운 쇠를 탄소가 단단한 강철로 변화시키는 것처럼 끈기가 자신의 성격을 변화시킨다는 것을 알고 있을 것이다.

시도했다가 또다시 포기했거나, 끈기와 인내심이 없어서 만족스럽지 못한 결과가 생긴 것을 훗날 깨달은 일이 있을 것이다. 인내력과 끈기가 없다면 누구든 결코 어떤 일도 성취할 수 없다.

누구에게나 자신의 욕망을 성공으로 바꿔 놓는 과정에서 끈기는 절대불가결한 요소이다. 그리고 끈기의 기초가 되는 것은 의지이다. 자신의 의지력과 욕망이 훌륭하게 결합되었을 때 무슨 일에나 굽히지 않는 강력한 힘이 생기는 것이다.

큰 재산을 모았거나 크게 성공한 사람은 대개 냉혈동물이라는 평가를 받게 되며 때로는 가혹한 사람이라는 소리까지 듣는 경우가 있다. 그런 평가는 오해에서 오는 경우가 많다. 그들이 가진 것은 목표를 달성하기까지 결코 단념하지 않는 끈기가 밑받침된 의지력이다. 사소한 장애나 불행에도 불구하고 끝까지 목표달성을

위해 노력하는 사람은 극소수에 지나지 않다.

끈기라는 말에 영웅적인 의미가 없을지 모른다. 하지만 끈기는 인간의 성격 안에서 쇠를 강하게 변화시키는 탄소와도 같은 역할을 한다. 끈기가 없다는 그 점이 바로 실패의 주요한 원인이 된다는 것은 두말할 필요가 없다. 또 끈기가 없다는 점이 대다수 사람들의 공통적인 약점이다.

목표달성을 위한 출발점은 욕망이다. 우리는 항상 이 점을 기억해야 한다. 한 개비의 장작을 지피고 있으면 작은 불밖에 얻을 수 없지만, 많은 장작을 지피면 큰 불을 얻을 수 있는 것처럼 가지고 있는 욕망이 크면 큰 결과를 얻을 수 있지만 작은 욕망을 가지고 있으면 그 결과도 작을 수밖에 없다.

만약 자신에게 끈기가 없다는 것을 깨달았다면 그 약점을 욕망이라는 불길로 태워 없앰으로써 고칠 수 있을 것이다. 끈기가 없는 사람은 일을 시작하기도 전에 실패의 결과를 예견하는 것은 당연하다. 성공한 사람은 어느 누구를 막론하고 끈기를 가진 사람들이다. 그들이 끈기를 기르게 된 이유는 절박한 환경에 쫓겨서 끈기를 발휘하지 않고서는 견딜 수 없었기 때문이다.

끈기를 이길 다른 힘은 아무 것도 없다, 성공을 거두는 온갖 요소 가운데 가장 큰 것이 바로 끈기이다. 이 점을 잊지 말고 가슴에 간직해 두고 일이 잘되어 가지 않거나 속도가 늦어졌을 때는 반드시 상기해 보도록 하자.

끈기를 습관으로 몸에 지니게 되면 만일의 실패를 대비해 보험에 드는 것과 같아 난관에 부딪히더라도 침착한 태도를 보이게

된다. 몇 번이고 좌절하고 패배를 당하더라도 최후에는 반드시 성공을 거두고 말 것이다. ✾

02

포기하지 않는 습관

성공한 사람은 성공할 수밖에 없는 행동을 하며,
실패한 사람은 실패할 수밖에 없는 행동을 한다

포기하려는 순간에는 그 속에 미래의 성공이나 행복의 씨앗이 숨어 있다는 것을 알지 못한다. 괴로워하며 절망의 늪에 빠져 있을 때에는 자신이 앞으로 크게 성공할 것이라든가, 행복해질 것이라고는 생각하지 못한다. 그러나 아무리 최악의 상황이라도 미래의 성공과 행복의 가능성은 그 사람의 깊은 곳에 조용히 내재되어 있다.

그러므로 당신에게 만약, '이제 끝장이다, 이제 죽는 것밖에는 없다'고 생각되는 일이 있더라도 절대로 포기해서는 안 된다. 사람은 자신이 앞으로 성공할 것이라는 것을 알고 있으면 지금 아무리 어렵고 힘들더라도 참아낼 수 있다. 그러나 유감스럽게도 그 누구도 자신의 장래나 성공의 크기를 예측할 수 없다.

일본 프로 야구의 요미우리 자이언츠가 6연패를 했을 때 하라 감독은 친구로부터 전화를 받았다.

"연패를 축하하네."

떨어질 수 있는 데까지 떨어졌으니 이제는 올라가는 길밖에 없다는 의미의 격려였다.

하라 감독은 대답했다.

"앞으로 두 번은 더 질 수 있을 것 같네."

그의 말대로 요미우리 자이언츠는 8연패를 한 후에 파죽의 12연승을 이루어냈다.

실패는 성공의 문턱이라고도 한다. 실패를 넘어서면 기다리고 있는 것은 성공이지만 서둘러 포기하거나 절망을 이기지 못해 자신의 저력을 사장시키는 일은 경계해야 한다.

포기를 부추기는 것은 실패할까봐 염려하는 근심이다. 누구에게나 가능한 일이지만 굳은 결심으로 시작하지만 실천하는 과정에서 성공과 실패를 의심하게 된다. 그래서 포기를 먼저 배우게 되고 실패라는 결과를 껴안고 고통스러워한다.

근심은 더 큰 마음의 짐만 낳을 뿐이라는 것을 명심해야 한다. 근심거리를 가급적 피하고 싹이 될 만한 것들은 미리부터 제거하는 것이 좋다. 근심을 피하는 것은 아주 분별력 있는 행동이다. 우리가 분별력 있는 행동을 한 뒤에는 반드시 그에 따른 보상으로 원하던 결과와 가까워지게 된다.

자신이 어떤 에너지를 소유하고 있든, 어떤 일에 얽매여 있든 매일매일 최선을 다하는 습관 이상의 저력은 없다.

모든 일을 늘 최고의 상황에서 할 수 있는 것은 아니다. 때로는 최악의 상황에서 해야 하는 경우도 적지 않다. 돌이켜 생각해 보면 최악의 상황에서 한 일이 최고의 결과를 가져오는 경우도 있다. 이제는 틀렸다고 생각하며 두 손을 들고 싶은 위기의 순간이 때때로 찾아온다. 그러나 다 틀렸다고 생각되는 순간이야말로 영광의 순간일 수 있다. 그 위기를 넘어 패기 있게 전진한다면 진정한 승자가 될 수 있기 때문이다. 인생에서 영광의 순간을 만날 수 있는 기회는 그렇게 많지 않다.

성공한 사람은 성공할 수밖에 없는 행동을 하며, 실패한 사람은 실패할 수밖에 없는 행동을 한다.

성공한 사람과 대화를 하다보면 길이 보이고 의욕이 샘솟고 열망이 용솟음친다. 위대한 예술가도 한때는 초심자였으며, 항상 명작만을 남길 수는 없다.

성공을 열망하며 성공한 사람의 습관을 몸에 익히고 닮아가려고 부단히 노력할 때 나의 명작도 탄생할 수 있다. ✤

03

기다림의 미학도 명약으로 여길 줄 아는 습관

기다림 속에서 상황에 낳는 관망을 동해
성급함으로 빚어질지 모르는 행동을 제어하는 것이 기다림의 미학이다

흐르는 시냇물을 더럽히는 방법은 아주 간단하다. 사정없이 돌멩이를 던지거나 직접 들어가 마구 뛰어다니면 된다. 반대로 그 더러워진 물을 원래의 깨끗한 상태로 되돌리려면 그대로 내버려 두면 된다.

잔잔하던 바다에 파도가 일고 폭풍우까지 치기 시작하면 가까이 접근하지 않는 것이 최선이다. 이처럼 우리 주변에서 어떤 소란이 생겼을 때 때로는 그대로 지켜보는 것이 문제해결의 방법일 수도 있다. 가족이나 친척, 혹은 친구나 동료가 마음의 동요에 시달리고 있을 때 섣불리 다가가는 것은 자칫 역효과를 낼 수 있다.

다양한 개성을 가진 사람들과 함께 살다보면 감정이 엇갈리고 생각이 맞지 않는 경우가 비일비재하다. 폭풍우가 심한 바다를 그대로 항해하는 선박은 없다. 안전한 항구로 대피하여 파도가 잠잠해지기를 기다리는 것처럼, 우리도 한 걸음 물러나 관망하는 자세에 한 번쯤 의미를 두는 것이 좋다.

사태를 수습하고 해결하겠다고 능력도 안 되면서 뛰어드는 것은 어리석다. 긁어서 부스럼을 만드는 일이다. 사태가 변화되어 가는 상황에 따라 그 사람의 마음이 차분해질 때까지 관심을 갖고 기다리는 것이 좋다.

유능한 의사는 수술이 필요한지, 경우에 따라서는 아무런 조치도 하지 않고 내버려두는 것이 환자에게 도움이 되는지 잘 알고 있다. 확신이 서지 않는데도 무조건 환자의 배를 열어보거나 이것저것 치료법을 동원하는 것이 더 큰 불상사를 초래한다는 것을 알기 때문이다.

자고로 모든 일에는 계획단계에서부터 실행단계까지 한 단계도 빠져서는 안 된다. 감이 숙성하려면 일정한 시간이 필요하다는 말도 같은 의미이다. 계획이 얼마나 정확하고 빈틈없는가 와는 별도로, 서두르지 않고 침착하게 여러 가지 조건들이 더욱 적합해질 때까지 시기를 기다려야 한다.

기다림에도 기술이 필요하다.

잘 자란 참나무를 잘라 물속에 넣어둔 채 천년이 지난 후 그 나무로 향을 만든 것을 침향이라고 한다. 천년의 세월 동안 물속에서 썩지 않고 그윽한 향기를 내는 나무. 침향의 향기는 그 어떤 것으로도 흉내 내고 만들어 낼 수 없을 만큼 아름답다. 우리 조상들은 천년을 기다리며 향을 만들어내는 정성을 들였다.

기다림 속에서 상황에 맞는 관망을 통해 성급함으로 빚어질지 모르는 행동을 제어하는 것이 기다림의 미학이다. 무조건 잘 될 거라는 생각은 기다림을 헛수고로 만들 수도 있다.

적절한 관망 속에는 늘 잊지 않고 있다는 관심이 필요하다. 관심은 우리 스스로가 대상에 대해 최선을 다하고 있음의 소극적인 표현이다.

기다림은 아름다운 철학임을 잊지 말아야 한다. 최선을 다하고 끊임없이 관심을 두는 상황에서 할 수 있는 합리적인 기대이다. ✤

04

겸손이 묻어나는 유머를 구사하는 습관

편안함을 느끼게 하는 인격을 지녔고
유머 감각마저 가진 사람이라면 호의적인 인상을 주기에 충분하다

사업가들 중에는 근엄함이 몸에 배인 사람도 더러 있지만, 사업을 해 나가는 데 있어서 유머와 미소의 중요성을 모르는 사람은 거의 없다. 딱딱함보다는 부드러움이 상대방을 설득하는 데 훨씬 효과적이기 때문이다.

오늘날의 사업은 과거보다 규모면에서 커지고 내용면에서 다양해지고 있다. 갈수록 치열해지는 경쟁 속에서 살아남기 위해서는 기업은 물론 개인도 저마다의 생존전략이 필요한데, 유머 감각은 치열한 전쟁터에 피어나는 한 떨기의 꽃이라고도 할 수 있다.

물론 유머 감각을 가지고 있다고 해서 누구나 행복한 사람은 아니며, 유머가 반드시 사업을 성공시켜 주는 것도 아니다. 그러나 유머가 결코 사업의 실패 원인이 되지는 않는다.

케네디가 대통령이 되기 전 상원의원 시절, 한 초등학생으로부터 질문을 받았다.

"의원님은 어떻게 2차 대전 때 전쟁 영웅이 되셨나요?"

"그것은 내가 그렇게 되려고 해서 된 것이 아니었단다. 적군이 내가 탄 군함을 격침시켰기 때문이지."

이 유머 속에 케네디의 겸손함과 유머가 잘 나타나 있다. 그리고 이 이야기는 사람들에게 감동을 주고 미소를 자아내기에 충분한 것이었다.

하지만 유머를 구사할 때는 몇 가지 주의할 점이 있다. 대부분의 경우, 유머 감각은 얼음 깨는 기계의 역할을 하지만 어떤 상황에서는 좋은 분위기를 깨는 역효과를 낼 수도 있다.

유머를 언제 어떻게 써야 하는가를 결정하는 데 있어서는 현명한 판단이 필요하다. 정도를 벗어난 유머는 쓰지 않는 것만 못하다.

만일 어떤 변호사가 실의에 빠져 있는 파산자에게 농담을 했다면 받아들여지지 않을뿐더러 상대방에게 불쾌감을 줄 수도 있다.

오늘날 복잡다단한 사회에 살고 있는 사람들은 조직에 압도되고 스트레스와 좌절감을 느끼게 된다. 유머의 중요성이 강조되는 이유는 바로 여기에 있다. 자칫하면 팽팽한 긴장이 터져버릴 것만 같은 상황을 완화시켜 주기 때문이다.

당신이 만일 천부적으로 뛰어난 유머 감각을 가졌다면 그것을 더욱 계발하라. 그러면 당신의 뛰어난 유머 감각이 좋은 이미지를 만들어 줄 것이다.

유머 감각이 있는 사람을 좋아하는 가장 큰 이유는 무엇보다도 그 사람의 마음의 여유일 것이다. 어떤 어려움이나 위기에 처했을 때 그 한 가지 일에만 지나치게 매달리지 않는 여유, 그것은 얼마나 신선한가.

높은 지위에 있는 사람들 중에는 자신의 중요성을 과시하는 자기도취적인 사람들이 많다. 그들은 교만에 빠져 자기중심적이 되고 만다. 물론 그렇지 않은 사람도 있다.

어느 날 하베이 브리스톨 크램이 그의 친구에게 이렇게 말했다.

"디즈니랜드를 만든 월트 디즈니 씨는 내가 만난 기업인 중에서 가장 성공한 사람인데도 꾸밈이 없는 평범한 사람처럼 보였습니다. 그는 성공했다고 해서 사람이 달라지지도 않았습니다. 참으로 위대한 사람이었습니다."

실제로 그의 소박한 태도는 주위 사람들을 편안하게 해주고 그와 만나는 모든 사람들의 긴장을 풀어 주었다. 그는 마치 소년과도 같은 인상을 심어 주었다.

성공한 사람도 근본적으로는 우리와 별 차이가 없다는 것을 발견하게 될 때 사람들은 놀라움을 갖게 되고 또 한편으로는 신뢰감을 느끼게 된다. 대부분의 사람들은 크게 성공한 사람은 큰 결단을 내리게 되므로 항상 엄하고 진지한 별다른 사람일 것이라고 생각한다.

사람에게 편안함을 느끼게 하는 인격과 거기다 유머 감각마저 가진 사람이라면 호의적인 인상을 줄 것임에 틀림없다. ✣

05

시간을 헛되이 쓰지 않는 습관

똑같이 출발했는데 세월이 지난 뒤에 보면 어떤 사람은 뛰어나고 어떤 사람은 낙오자가 되어 있다. 이것은 하루하루 주어진 시간을 성실하게 보냈느냐 허송세월을 하였느냐에 달려있다.

벤자민 프랭클린이 한 말이다.

지금 당장 절박하게 시간이 필요하다면 거리로 나가 손을 내밀고 지나가는 사람들에게 구걸을 해보라.

"제발 적선해 주십시오. 나에게 당신의 시간을 15분만 나누어 주십시오. 제발! 아! 나에게 약간의 시간만을, 내가 지금하고 있는 일을 모두 마칠 수 있게 제발 약간의 시간을…"

그런 다음 죽음이 찾아와도 후회 없다고 소리를 쳐도 좋다. 하지만 다른 사람의 시간은 결코 나 자신의 소유가 될 수는 없다. 지금 이 순간만이 오직 자신의 시간인 것이다. 결국 우리의 인생은 죽음이라는 종지부를 늘 염두에 두어야 그만큼 열심히 살 수 있다는 것이다.

당장 해야 할 일을 다음으로 미루는 습관부터 버려야 한다.

오늘 일은 오늘 끝낼 수 있도록 해야 한다. 현재라는 것은 우리
가 해결해야 하는 상황이며 경험이다. 결국 내일로 미룬다는 것은
발전하지 못하고 변화될 수 없다는 뜻이다. 그렇게 내일로 미루는
일이 반복된다면 우리는 어떤 상황을 맞이할 것이며 무엇을 얻겠
는가. 현재라는 시간을 잘 활용하지 않으면 시간은 바람처럼 지나
가는 존재일 뿐이다. 주저하거나 머뭇대는 우유부단한 행동은 소
중한 시간을 허비하는 것이다. 행여 현재보다 나은 시간이 내일이
나 혹은 나중에 찾아올 것이라 믿고 있지는 않은가? 그 때문에 미
적거리며 쉽게 행동에 옮기지 않는 사람들이 많다. 하지만 우리가
망설이는 동안 시간은 더 많은 것들을 싸안은 채 먼 곳으로 달려
갈 뿐이다.

우리의 인생은 수정할 수 없는 생방송이다. 나중에 개선할 수
있다는 생각은 또 다른 후회만을 쌓아가는 일이다. 비록 개선하고
발전의 밑거름으로 삼을 수는 있겠지만, 오늘 할 일을 그만큼 더
늘이는 결과만을 초래한다. 또한 오늘 이 순간을 절실하게 보내지
않았다는 결과는 결코 수정할 수 없다.

평범한 사람은 시간을 소비하는 것에 마음을 쓰고, 깨어 있는
사람은 시간을 이용하는 것에 마음을 쓴다. 아직도 시간의 소중함
을 모른 채 깨어있지 못한 사람이 있다면, 이 말을 머리맡 자명종
처럼 놓아주고 싶다. ✤

06...

고정관념에서 벗어나
유연성을 가지려는 습관

마음의 유연성은 자기가 갖고 있는
고집이나 상식, 고정관념을 버림으로써 얻어지는 것이다

전철을 이용해 출근하는 사람들을 보면 보통 집을 나서는 시간, 전철을 타는 시간, 전철을 타는 위치까지도 정해져 있다. 그런가 하면 대부분 사람들은 전철에 타고 나면 문 앞쪽은 사람들로 붐빌 것이라는 생각으로 중앙으로 가서 선다. 매일의 경험으로 자연스럽게 이런 패턴을 반복하고 있다.

재미있는 것은 이런 생각 때문인지 출근하는 사람 중 매일 아침 같은 위치에서 반드시 만나게 되는 사람이 있다. 이것은 무의식중에 하나의 습관에서 비롯된 일인 것이다.

이것이 출근 매너리즘이라고 생각되는데, 이것은 일에 있어서도 마찬가지다. 기존의 방식이 좋다고 생각된 것이 고정화되어 매너리즘화 되어 있는 경우가 많다.

나폴레옹은 광적인 독서가였다. 그것도 완전히 상식에서 벗어나는 독서가였다. '무식한 영웅이란 없다'는 말을 반증이나 하듯이 그는 여행을 하면서도 마차 안에서 독서삼매경에 빠지는 독서가였다.

그러나 나폴레옹에게는 기벽이 있었다. 읽은 책을 소중하게 간직하는 것이 아니라 창밖으로 던져버리는 습관이다. 그의 책 읽는 버릇은 치열한 전쟁을 치르면서도 어김없이 이루어졌다.

그가 만년에 세인트헬레나 섬에 유배되어서도 8천여 권의 책을 독파했다는 일화를 남기고 있다. 그야말로 상식을 초월한 나폴레옹만의 인생처세술이라 할 수 있다.

개인의 운명을 열어가는 데 있어서 과감히 틀에서 벗어나 때로는 상식을 버리고 고정관념을 깨볼 필요가 있다.

나는 자주 고정관념에 치우치지 말라고 한다. 새로운 방식으로 일을 처리하다 보면 지금보다 훨씬 능률적일 수 있다. 그러나 사람들은 익숙해져 있는 습관을 쉽게 고치려 들지 않는다. 그것은 우리 의식 속에 이것이 아니면 안 된다는 식의 관념이 매우 깊게 자리 잡고 있기 때문이다.

우리 전통음악의 맛을 이해하지 못하는 사람은 불행하다고 말할 수 있다. 그러나 그 심오함에 빠져 클래식이나 재즈, 모던뮤직을 이해하려고도 하지 않고 이를 배척하는 사람이 있다면 더욱 불행한 일이며 고정관념에 사로잡힌 사고방식이다. 애써 이해하려는 마음의 유연성이 필요하다. 마음의 유연성은 자기가 갖고 있는 고집이나 상식, 고정관념을 버림으로써 얻어지는 것이다. 참신한 두뇌와 의욕만 있다면 신선한 발상은 얼마든지 가능하다. �֍

07...

기회를 위해 준비하는 습관

철저한 준비와 연구 그리고 기회를 완성시키는 노력과 행동력이 뒤따라야 한다

매일 아침 새로운 기회가

마치 조간신문이 오듯이

당신 앞으로 배달되고 있다.

하지만 하루도 빠짐없이 배달되는 기회에

당신은 너무 익숙해져 있다.

그래서 지금은 눈치를 채지 못하고

무감각해져 있다.

성공의 기회가 지나치는 것을 눈치채지 못하고

왜 나에게는 기회가 오지 않느냐며

투덜거리고 있는 것이다.

지금, 수많은 성공의 기회를

마치 신문 보듯이 대충 넘겨보고서

쓰레기통에 버리고 있지는 않은가?

성공할 수 있는 기회를 잡는가 못 잡는가는 그것을 받아들일 준비가 돼 있는지의 여부에 달려있다. 하루하루를 소중하게 여기고 잘 활용하여 만반의 준비를 하고 행동하는 사람에게는 그만큼 찾아오는 기회가 많은 법이다.

단지 생각만으로 기회를 잡고 성공하리라 믿는 사람은 가능성을 발견하는 데 많은 어려움을 갖는다. 막연한 생각과 실천할 수 있을지에 대한 확신도 없는 공상만으로 성공을 거머쥐려는 것은, 마이너스 인생을 부추기는 일이다. 늘 현실을 직시하고 깨어있는 의식을 소유한 사람만이 기회를 포착할 수 있으며 성공에 한 걸음 다가설 수 있다.

명문대학을 졸업하고도 취직이 되지 않아 고민하던 청년이 있었다. 그는 어떻게 하면 남들보다 성공할 수 있을지 매일매일 고심하며 지냈다. 자기 방에 틀어박혀 그 방법에 대해 연구를 했는데, 온갖 서적을 뒤지고 신문을 탐독하는 등 나름대로 전전긍긍이었다.

이미 성공을 했거나 그 출발점에 서서 열심히 일하고 있는 주변의 사람들이나 친구들과는 은연 중에 담을 쌓았다. 고집인지 자존심 탓인지 그는 꼼짝도 하지 않은 채 한 가지 생각에만 매달려 지냈다. 언젠가는 자신에게도 기회가 올 것이라는 막연한 기대에만 의지한 채였다. 하지만 결국 그 돌파구가 보이지 않자 성공한 사람을 찾아가 방법을 물었다.

"성공하기 위한 쉬운 방법이나 간단한 비결은 세상에 없소. 작은 일도 소홀히 지나치지 말고 기회가 오면 더욱 열심히 뛰어야 한다오. 열심히 뛰고 있으면 저절로 알게 될 거요."

그러나 그 말뜻을 청년은 끝내 이해하지 못한 채 다시 자기 방으로 숨어버렸다.

우리가 살아가는 동안에 누구에게나 몇 번의 기회가 찾아온다고 한다. 하지만 그 기회를 잡아 성공하는 사람은 그다지 많지 않다.

기회를 잡기 전 철저한 준비가 이루어지지 않았기 때문이다. 그래서 남들보다 유리한 조건이면서도 성공으로 이끌지 못하는 것이다. 기회를 잡는 것은 그 사람의 능력이다. 단순히 정직하게 살고 성실한 마음가짐을 갖는다고 해서 주어지는 것이 아니다. 철저한 준비와 연구 그리고 기회를 완성시키는 노력과 행동력이 뒤따라야 한다. 그렇게 늘 분주하게 움직이는 자만이 기회를 잡을 수 있다. ✽

08

상대방의 인격을 존중하는 습관

상대를 설득하는 요령은
상대의 의견에 경의를 표하고 자존심을 지켜주는 데 있다

아무리 훌륭한 논리로 설득을 해도 상대방의 자존심을 상하게 하면 상대의 생각을 바꿀 수 없다. 상처를 입은 것은 논리가 아니라 감정이기 때문이다.

'당신에게 그 이유를 설명하겠소' 라는 말투는 쓰지 않아야 한다. '나는 당신보다 머리가 좋다' '당신의 생각을 고쳐주겠다' 고 말하고 있는 것과 같기 때문이다.

상대의 생각을 바꾸는 일은 매우 조심스럽고 어려운 일이다. 상대에게 반항심을 불러일으키고 싸움의 직전까지 상황을 몰고 갈 수도 있기 때문이다. 그래서 설득하고자 할 때는 상대가 눈치 채지 않도록 신경을 써야 한다.

'가르치지 않는 것처럼 가르치고 상대가 모르는 일은 그가 잊어버리고 있었다고 말하라.'

이것이 상대를 설득하는 비결이다.

영국의 정치가이자 문인인 필립 체스터필드가 자식에게 남긴 처세훈에는 다음과 같은 구절이 있다.

'될 수 있으면 남보다 현명해져라. 그러나 그것을 남이 알게 해서는 안 된다.'

그런가 하면 소크라테스도 제자들에게 되풀이해서 다음과 같이 말했다.

'나는 오직 한 가지밖에 모른다. 그것은 나는 아무 것도 모른다는 바로 그것이다.'

만약에 상대가 틀렸다고 생각되거나 실제로 명백한 잘못이 있을 때에도 이렇게 서두를 꺼내는 것이 좋다.

'사실 그렇게 생각하고 있지는 않습니다만 그동안 내가 잘못 알고 있었다면 고치겠습니다. 다시 한 번 잘 생각해 보겠습니다.'

'아마 나의 잘못일 겁니다. 다시 잘 생각해 보겠습니다.' 라는 문구에는 이상할 만큼 효력이 있다. 이에 대해서 반감을 갖는 사람은 결코 없다.

이것은 또한 과학적인 방법이다. 탐험가로 유명한 캐나다의 과학자 스테팬슨은 물과 고기만으로 11년 동안 북극에서 생활을 한 사람이기도 하다.

'과학자란 아무 것도 증명하려고 애쓰지 않습니다. 다만 사실을 발견하려고 노력할 뿐입니다.'

이 과학자의 말처럼 우리들도 과학적으로 사물을 생각하기로 하면 어떨까.

자신의 잘못을 먼저 인정하면 시비가 일어날 일은 절대로 없다.

따라서 상대도 관대해져서 공정한 태도를 지키려고 할 것이며 자기 자신도 반성을 하게 될 것이다.

예수는 '조속히 그대의 적과 화해하라.' 고 가르쳤다.

상대가 누구든 시비를 해서는 안 되며 상대의 잘못을 직접적으로 지적하여 상대의 자존심을 상하게 하는 일은 없어야 한다.

상대를 설득하는 요령은 상대의 의견에 경의를 표하고 자존심을 지켜주는 데 있다.

09..

한 우물을 꾸준히 파는 습관

하는 일에 최선을 다하고
쉽게 포기하지 않는 사람이 어떤 일이든 해낼 수 있다

우물을 파는 일에 남다른 실력과 정평이 나 있는 사람이 있었다. 그는 물이 나올 것이라고 일단 판단한 곳에서는 어떤 어려움이 있어도 결국에는 물을 발견해 냈다. 사람들이 그 비결에 대해 묻자 그는 간단하게 대답했다.

"물이 나올 때까지 열심히 땅을 파는 것이오!"

어떤 일이든 시작하기는 쉬울지 모르지만 그것을 단념하지 않고 지속하기란 어려운 법이다. 그렇다면 왜 계속할 수 없는 것일까? 도중에 스스로 포기하려는 마음 때문이다. 또한 나태한 마음에 자신을 지탱하지 못하기 때문이다. 그리고 자신의 한계나 어려움에 시달려 중단하기도 한다.

오랜 시간 심사숙고해 전력을 다해 일을 하지만 우리는 차츰 무료함과 피곤함에 시달리게 된다. 그렇기 때문에 싫증을 내고 회의에 빠지게 된다.

좋아하는 취미를 보더라도 마찬가지 결과를 보인다. 바둑을 두든 축구를 하든 어려운 시점을 통과해 종반에 이르면 이 정도면 승리는 확실하다는 생각에 낙관한다. 낙관은 곧 긴장감을 희석시켜 판단력을 흐리게 한다. 긴장감의 감소는 순식간에 역전패를 낳기도 한다.

늘 긴장감을 잃지 않는 것이 어떤 일이든 포기하지 않고 꾸준히 할 수 있도록 만드는 청량제이다.

우리 인생의 도전에 있어서도 마찬가지다. 일상생활이든 직업이든 사업이든 하겠다고 마음을 정한 것은 꾸준히 계속해서 파고드는 것이 최선이다. 하는 일마다 싫증을 내고 도중에 포기하는 사람은 무슨 일이든 결과는 같다. 새롭고 보다 희망이 있는 일을 찾기보다는 우선 자신이 하는 일에 대한 집중력을 길러야 한다.

하는 일에 최선을 다하고 쉽게 포기하지 않는 사람이 어떤 일이든 해낼 수 있다. 사소한 일이라도 만족할 만한 성과를 거둘 때까지 포기하지 않는 힘이 성공을 이루는 하나하나의 초석인 것이다. ✤

10..

넓은 시야를 갖는 습관

평소에 여유롭게 세상을 바라보는 습관을 가져야 한다

대형 참치를 잡기 위해 남태평양을 항해하던 원양어선이 꽁치 떼를 만났다고 해서 그물을 내리는 것은 어리석은 짓이다.

큰일을 이루고자 한다면 사소한 일에는 마음을 두지 말아야 한다. 사소한 업무는 부하 직원이나 고용한 인력에게 맡기라는 뜻이다. 기업을 성장시키기 위해 혹은 부를 축적하기 위해서라면 아무리 사소한 일이라도 소홀히 해서는 안 될 것이다. 그러나 이것저것 모두 욕심을 내다가는 두 마리 토끼를 다 놓칠 수 있음도 간과해서는 안 된다.

면도칼은 면도를 하기 위해 만들어진 도구다. 물론 종이를 자르는데도 손색이 없을 정도로 날이 잘 서 있다. 하지만 잘 자를 수 있다고 해서 면도칼로 큰 목재를 재단할 수는 없는 노릇이다. 목재를 자르는 것은 톱이나 도끼여야 한다. 반대로 톱이나 도끼로 면도를 하거나 종이를 자르는 것도 어색하다. 결국 면도는 면도칼에 맡겨

두고 톱이나 도끼는 목재를 자르는 데 쓰라는 것이다.

　세상을 보다 넓게 볼 줄 아는 습관을 가져야 한다. 건축자재를 구하기 위해 산에 갔다면 적합한 목재를 선별하는 것만이 최선이다. 행여 눈에 띄는 나뭇가지나 열매가 마음에 든다고 해서 부적합한 나무를 베어서는 안 된다. 어떤 사람들은 사소한 것에 현혹되어 쓸모없는 나뭇가지와 열매를 얻기 위해 나무를 베기도 한다. 자신에게 절실히 필요한 것은 건축자재로 쓰일 나무라는 것을 결코 망각하면 안 된다.

　어느 정도 저력이 생기면 나름대로의 자세를 구축해야 한다. 작은 이익 정도는 그것을 원하는 사람에게 나눠주는 것이 현명하다. 작은 이익까지 챙기려고 이것저것 욕심을 내면 큰 이익은 어느새 달아나 버리거나 이미 다른 사람의 몫이 된다.

　경쟁에 있어서도 마찬가지다. 경쟁도 어깨를 나란히 하고 해볼 만한 상대와 하는 것이 효과적이다. 처음부터 상대도 되지 않는 상대를 고르거나, 승리가 확신되는 일만을 선택하는 것은 도량이 넓지 못한 행동이다.

　부를 축적하거나 사업을 하는데 있어 넓은 시야를 갖는 것은 중요하다. 전체를 보면서 기회를 만들어야 한다. 마음의 여유부터 가다듬는 것이 순서다. 자신이 궁핍하다고 생각하면 모든 감각과 방법을 동원해 쓸모없는 것들까지 손에 넣으려고 급급해진다. 여유가 없어 조급해진 마음은 결국 실패를 부르고 만다.

　인간이란 어느 정도 부를 확보해야 마음의 여유를 갖는다고 한

다. 하지만 평소 여유롭게 세상을 넓게 바라보는 습관을 가져야
한다. 그런 자세와 마음가짐만이 보다 큰 것을 추구하고 더 확실
한 부를 만들 수 있다. ✤

11

시간 관리를 철저히 하는 습관

시간이란 가장 소중한 것 가운데 하나이며 누구에게나 공평하다
그 누구도 강탈해갈 수도 없고 독점하여 사용할 수도 없다

순간은 극히 짧은 시간을 말한다. 어떤 사람은 눈을 한 번 깜박거리는 시간으로 표현하고, 혹은 불교에서는 찰나라고도 한다. 『대비바사론』이란 책에 따르면 1찰나는 75분의 1초에 해당된다고 하니 얼마나 짧은 순간이겠는가.

그리고 불가에서는 이 짧은 순간에 모든 존재가 생멸한다고 본다. 현재의 1찰나를 기준으로 앞의 찰나를 과거, 뒤의 찰나를 미래라고 하며 이를 합쳐 찰나 3세라고 한다.

그렇게 따진다면 우리가 현재라고 하는 시간은 75분의 1초만 현재이며 과거, 현재, 미래가 동시에 공존하는 최소의 시간은 75분의 3초, 즉 0.04초에 불과하다는 계산이 나온다. 얼마나 짧은 시간인지는 여러분이 상상해보기 바란다. 우리는 그런 짧은 시간 속에서 살고 죽고 하는 것이다.

시간이란 원래 '생애'를 지칭하는 의미의 산스크리트어인 'ayn'에서 나온 말이다. 시간은 개개인의 인생을 구성하는 소중

한 재료와도 같다. 곧 시간은 인간이라는 의미로 볼 수도 있다. 같은 선상에서 동시에 출발했지만 시간이 지난 뒤에 보면 그 모습과 상황이 다르다. 결과적으로 하루하루 자신에게 주어진 시간을 어떻게 활용했느냐의 산물이다.

시간이란 가장 소중한 것 가운데 하나이며 누구에게나 공평하다. 그 누구도 강탈해갈 수도 없고 독점하여 사용할 수도 없다. 누구는 더 확보하고 누구는 부족하게 할당받을 수도 없다. 시간의 세계에서는 승리자와 낙오자의 계급도 없다. 천재라고 해서 한 시간이 더 주어지는 것도 아니며, 최고경영자라고 해서 마음대로 끌어다 쓸 수 있는 것도 아니다. 하지만 그들은 같은 시간이지만 더 많은 것처럼 활용하는 능력을 가진 것이다. 그래서 남들보다 기회가 많고 가능성이 확대되어 차별화된 성취감을 누릴 수 있다.

가치관은 물론 문명에 대한 인식속도마저 급격하게 변화되어 가는 것이 요즘 세상이다. 이런 상황에서 적응하고 쫓아가기도 벅찬 것이 현실이다. 하지만 시간을 잘못 사용하면 그것은 우리의 발목을 잡거나 혹은 앞을 가로막는 덫으로 남을 뿐이다.

감기가 잘 낫지 않아 병원에 간 적이 있었다. 독감이 유행하고 있어서 그런지 그날따라 대기실에는 많은 환자들로 붐볐다. 한참을 기다리고 있는데 한 노인이 벌떡 일어서더니 간호사에게 다가가 공손하게 말했다.

"3시에 예약을 했는데 벌써 4시가 넘었으니 큰일이오. 약속이 있어 더 이상 기다릴 수 없으니 내일로 다시 예약을 해주시오."

그 모습을 바라보던 한 중년부인이 여든 살은 훨씬 넘어 보이는 노인이 무슨 일이 바쁘냐며 중얼거렸다. 그 말을 들었는지 노인이 중년부인을 쳐다보며 말했다.

"나는 올해로 여든여덟 살이 되었소이다. 그래서 일 분 일 초도 낭비할 수가 없지요."

일 분 일 초를 가벼이 여기지 말라는 말이 있다. 일 분의 가치를 알고 싶다면 방금 기차를 놓친 사람에게 물어보고, 일 초의 가치를 알고 싶다면 방금 자동차 사고를 당한 사람에게 물어보라. 하루, 한 달, 일 년이 지나고 새로운 해가 시작될 때에야 우리는 시간이 얼마나 빨리 흘러가 버리는지 깨닫곤 한다. 날이 지나가고 해가 거듭되면서 당신의 시간, 인생은 점점 사라져간다. 그러니 매순간을 아껴 써야 한다. ✤

12...

전문지식을 활용하는 습관

전문지식을 제대로 활용하면 최고의 성과를 얻을 수 있다

지식에는 일반적인 지식과 전문적인 지식이 있다. 그런데 일반적인 지식은 아무리 많이 지니고 있어도 부를 축적하거나 성공하는 데 큰 도움이 못 된다.

부를 얻거나 성공한다는 뚜렷한 목표 아래 지식을 체계화하고 활용하지 못하면 이룰 수 없다는 뜻이다. 하지만 이런 사실을 등한시한 채 지식을 힘이라고 믿는 사람들이 많다. 지식이 힘이 되려면 목표를 향한 행동계획 속에서 적절히 활용되어야 한다.

시카고의 한 신문 사설에서 자동차의 왕 헨리 포드를 무지한 평화주의자라고 폄하한 적이 있다. 포드는 당장 명예훼손으로 신문사를 고소했다. 신문사측 변호사는 결국 포드가 얼마나 무지한지 증명하려고 그를 법정 증인석에 세워놓고 배심원들 앞에서 질문공세를 해댔다. 포드는 자동차를 만드는 일에 대해서는 전문지식이 풍부했지만 변호사의 다른 질문에는 거의 대답할 수 없었다.

포드는 지난 1976년 독립전쟁 때 영국이 미국으로 보낸 병사가

몇 명이었냐는 변호사의 질문에만 겨우 대답할 수 있었다.

"정확히 알 수는 없지만 아마 영국으로 돌아간 병사보다는 훨씬 많았을 것입니다."

법정은 웃음바다가 되었지만 포드는 완전히 지쳐버린 상태였다. 변호사가 너무 혹독한 질문을 했다고 여긴 포드는 반문했다.

"제 책상 위에 여러 개의 버튼이 있습니다. 그 중에서 하나를 누르면 필요로 하는 지식을 가진 비서가 당장 달려옵니다. 그런 제가 당신에게 대답하기 위해 일반적인 지식을 모두 머릿속에 넣어둘 필요가 있을까요?"

변호사는 침묵할 수밖에 없었고 재판관과 방청객 모두 포드를 무지하다고 여기지 않았다. 오히려 상당한 지식을 지닌 인물로 인정했다.

포드는 두뇌협력단체인 마스터 마인드 그룹을 만들어 필요할 때 언제든지 전문지식을 얻을 수 있도록 해두었던 것이다. 그것이 바로 그를 미국 최대의 부호로 만들어 준 저력이었다.

지식을 얼마나 갖고 있는지가 중요한 게 아니다. 그것을 얼마나 잘 활용하는가에 따라 가치가 달라진다. 전문지식을 제대로 활용하는 것이야말로 최고의 가치와 성과를 낳는다. ✽

13...

분주함 속에서 준비하는 습관

분주하게 자신을 다그치고 노력하는 습관에 길들여진 사람에게는
불행도 행운으로 바뀌어 성공의 문을 여는 데 도움을 준다

햇살이 있는 동안에 건초를 만들라는 말이 있다. 하지만 그 전에 이미 넉넉한 양의 풀을 준비해야만 한다. 풀이 없는데 건초는 무엇으로 만들 수 있겠는가? 애타게 기다렸던 눈부신 햇살만을 원망할 뿐이다. 더 현명한 사람이라면 넉넉한 양의 풀과 함께 그것을 건조시킬 수 있는 공간을 마구간과 가까운 곳에 확보할 것이다.

한곳에 정체된 채 머릿속으로만 골몰하는 것은 결코 준비가 아니다. 성공한 사람을 만나고 여러 사람들의 경험담을 듣는 것도 좋다. 그렇게 자신의 길이 세워지면 철저한 공부와 연구를 해야 한다. 바로 그 과정에서 찾아오는 기회를 확실하게 잡을 수 있는 조건을 갖추게 된다. 또한 과감한 행동력이 가미되었을 때 기회는 곧 성공으로 이어진다.

또한 실패를 했다고 해서 기회가 모두 지나갔다고 성급한 판단을 내려서는 안 된다. 기회라는 것은 우리가 기대했던 것과는 전

혀 다른 방향에서 오거나 변형된 모습을 보이기도 한다. 지나친 듯하다가도 돌아서 돌진해오고, 접근한 것 같지만 그대로 스쳐버리는 다양성을 보인다. 그래서 우리는 감당하기 어려운 무게로 다가온 기회를 불행의 씨앗으로 오해해 회피해 버리기도 한다. 다양한 형태로 접근하는 기회를 올바르게 인식하고 파악하기 위해서는 한시도 쉬지 않고 사방으로 문을 열어두어야 한다.

성공은 실패보다 눈에 띄기 어려운 법이다. 자신은 언제나 실패만 한다고 생각하는 사람은 보이기 쉬운 실패에만 눈이 이끌리기 쉽다. 항상 실패만 거듭하는 사람이라도 잘 살펴보면 성공하고 있는 일도 많이 있다. 실패와 성공의 수는 같다. 자신에게 열 가지 실패가 있었다면 분명 열 가지 성공도 있을 것이다. 단지 눈치 채지 못하고 있을 뿐이다. 움직이지 않는 사람에게는 기회가 오지 않는다.

1873년 미쓰비시 상회를 창업하여 19세기 말 일본 경제를 지배한 미쓰비시 재벌로 키운 이와사키 야타로 씨는 이렇게 말했다.

"강에서 물고기를 잡으려면 어떻게 해야 될까? 강물 속을 하루 종일 들여다보고 있어도 물고기는 잡히지 않는다. 물속에는 물고기가 헤엄치고 있다. 그러나 맨손으로는 물고기를 잡을 수 없을 뿐더러 아무리 이쪽으로 오라고 말해도 오지 않는다. 그렇기 때문에 사전에 미리미리 그물을 준비해두지 않으면 물고기를 잡을 수 없다. 인생도 마찬가지다. 확실히 준비되어 있지 않으면 기회가 왔을 때 놓쳐버리고 마는 것이다."

행여 기회가 찾아왔다가도 너무 게으르다 싶어 발길을 돌릴지
도 모른다. 하지만 늘 분주하게 자신을 다그치고 노력하는 습관에
길들여진 사람에게는 불행도 행운으로 바뀌어 성공의 문을 여는
데 도움을 준다. ❀

실패의 경험을
성공의 씨앗으로 삼는 습관

실패의 경험은 삶의 소중한 재산이다

우리는 실패 때문에 도전 앞에서 망설이고는 한다. 생각대로 되지 않았을 때 겪어야 하는 좌절로 주저하는 것이다. 그래서 실패할 것 같으니 아예 시도조차 하지 말자는 생각까지 품게 된다.

하지만 실패나 좌절했던 경험을 삶의 지혜로 만들지 못한다면 더 큰 성공이나 행복은 기대할 수 없다. 이미 경험했던 기억이 있음에도 불구하고 똑같은 실수를 반복하는 어리석음마저 겪게 되기 때문이다.

대부분의 사람들은 실패의 아픈 기억에서만 벗어나고 싶어 한다. 하지만 그 경험은 성공의 씨앗이 될 수도 있다는 생각이 더 중요하다. 그 씨앗을 잘 키우려면 실패의 경험을 잊지 말아야 한다.

일본 에도막부의 초대 장군이었던 도쿠가와 이에야스는 다케다 신겐과의 미카타가하라 전투에서 패하고 지친 몸으로 도망칠 수밖에 없었다. 하지만 그는 그런 자신의 초라한 모습을 일부러 초상화로 남겼다. 서른한 살 때 그려진 그의 초상화는 지금까지 전해져 오는데 당시 상황이 고스란히 담겨져 있다. 지치고 험상궂은 얼굴에는 공포에 떠는 기색이 역력하다.

그는 왜 자랑스럽지도 못한 자신의 초상화를 걸어두려고 했을까? 전투에서의 치욕적인 경험을 잊지 않고 두 번 다시 되풀이하지 않겠다는 의미였다. 그는 초상화를 볼 때마다 실패의 원인과 결과를 마음속에 새겼던 것이다.

패배 후 10년이 지나 대세는 이에야스에게 기울기 시작했다. 패배를 안겨주었던 신겐 일가는 와해되어 흩어졌던 것이다. 이에야스는 신겐의 가신들을 모두 불러들였다. 그들에게 신겐의 병법철학을 배우기 위해서였다. 그 결과 완성할 수 있었던 것이 바로 '도쿠가와 이에야스의 인간경영'이다.

이에야스는 자신에게 패배를 안겨준 신겐의 병법철학을 기꺼이 배웠다. 한 번의 실패로 좌절하지 않고 오히려 실패의 원인을 철저하게 분석하여 인생의 훌륭한 재산으로 만들었다. 그래서 그를 두고 난세의 영웅이라 칭하는 것이다.

실패보다 나은 성공은 없다는 말이 있다.

세계적인 다국적기업 IBM의 설립자 토마스 왓슨은 "성공할 확률을 두 배로 높이고 싶다면 실패할 확률을 두 배로 높여라."고 말한 적이 있다. 실제 실리콘밸리에서는 실패한 경험도 경력으로 인정한다.

실패를 경험했다는 것은 그 실패의 원인에 대해 누구보다 잘 파악하고 있다는 뜻이다. 결국 그는 더욱 확실한 준비로 도전할 것이며 언젠가는 성공을 이루게 될 가능성이 높다고 평가한 것이다.

세상에서 실패하지 않고 성공만 한 사람은 거의 없다.

항구에 정박해 있는 배들이 안전하다고 생각된다면 성공에서 멀어지고 있는 마인드의 소유자이다. 배는 항구에 묶여 있기 위해 만들어진 것이 아니다. 배는 바다 위를 오갈 때 비로소 제 역할을 하는 것이다. 누구도 예측할 수 없는 위험이 존재한다고 항해를 포기한다면 아무런 의미조차 없다.

폭풍을 견디고 암초의 위험을 극복하는 도전과 실패를 맛본 뒤에야 성공과 만날 수 있다. 세계 최고봉 에베레스트 산을 최초로 정복한 영국의 힐러리 경의 말이다.

"에베레스트를 정복하고 말겠다는 목표를 세우고 등반을 시작했는데 중간에 포기도 하고 주저앉기도 했지만 실패의 경험을 교훈삼아 도전한 끝에 어느 날 정말 그 꼭대기에 올라 있는 나를 발견했다." ⚜

15...

자신의 능력을
발굴해 훈련하는 습관

삶은 운명이 아니라 자신의 능력계발과 그것을 활용하는 정도에 따라 달라진다

　신은 공평해서 인간 누구에게나 그만의 재능 한 가지씩은 부여했다. 단지 그것을 얼마나 빨리 발견하여 활용하는가에 따라 성공의 여부가 달라진다.

　자신의 능력을 발굴해 훈련하고 노력하는 사람은 곧 성공하는 자이다. 반면에 능력을 발견하지 못하거나 찾는 것마저 포기하고 자신에게는 능력이 없다고 부정하는 사람은 실패자이다.

　성공은 자신에게도 '나만이 지닌 능력이 있다'고 믿는 데서부터 시작된다. 그러나 대부분의 사람들은 성공하지 못한 요인을 운명 탓으로만 여기며 자신의 능력을 발견하지 못하고 자신감마저 상실한 채 하루하루를 살아간다.

　스스로의 능력을 발견하고 그것을 연마하여 활용한다면 운명은 얼마든지 바뀔 수 있다. 망설였던 계획은 확신으로, 실망만을 안겨주던 사업은 의욕으로 변한다. 새로운 인생이 시작되는 것이다.

　능력을 발견했다면 기대 이상의 발휘를 위해 훈련하는 과정이

반드시 필요하다. 야생마를 사용하고자 하는 목적에 맞게 길들이기 위해서는 오랜 시간의 훈련이 필요한 것과 마찬가지 이치이다. 말이 지닌 선천적인 우수한 조건도 필요하지만 적절한 훈련이 없으면 무용지물이다. 지칠 줄 모르는 체력에 강인한 근육질의 말이라도 제멋대로 날뛴다면 어디에서도 능력을 발휘할 수 없기 때문이다.

바이올린 제작의 거장인 안토니오 스트라디바리는 자신의 능력을 일찌감치 파악하고 노력해온 사람이다. 그래서 바이올린 제작자의 길을 걸었고 모든 바이올리니스트가 갖고 싶어 하는 바이올린을 만드는 데 성공할 수 있었다. 그는 자신의 능력을 믿었고 언젠가는 최고의 바이올린을 탄생시키리라는 꿈을 의심하지 않았다. 결국 최고의 바이올린을 탄생시키는 데 성공하였다.

자신을 불신하고 부정적으로 생각한다면 결코 성공의 문고리는 잡을 수 없다. 목표가 아무리 거대하고 철저한 계획을 세웠다고 해도 좋은 결과를 기대하기 어렵다. 대부분의 사람들은 자신에게도 인생 전체를 변화시킬 수 있는 능력이 있다는 사실을 잘 모르고 있다. 이것은 뒤뜰에 금덩어리가 묻혀 있는 것을 알지 못한 채 힘들게 살아가는 것과 같다. 자신의 능력을 계발하고 그것을 훈련하는 과정 속에서 성공을 향해 다가갈 때 그 인생은 더욱 값진 것이다. ❖

16...

성공적인 결과를 상상하는 습관

어떤 일을 시작할 때
무엇보다 중요한 것은 쓸데없는 걱정이나 불안을 벗어던지는 일이다

마라톤에서 가장 힘든 때는 몇 킬로미터 지점일까? 35킬로미터 일까? 아니면 마지막 1킬로미터를 남겨둔 지점일까? 사실 마라톤 에서 가장 힘든 때는 출발하기 직전이다. 일주일 전, 하루 전, 한 시간 전, 일분 전…. 점점 온몸에 힘이 들어가고 중압감이 몸과 마음을 누르기 때문이다.

새로운 일을 계획하고 막 시작하려고 할 때 불안감이 앞서게 마련이다. '잘 될 수 있을까.' '실패하면 어쩌지.' 등 그 일을 시작하기 전부터 걱정이 되는 것은 어쩔 수가 없다.

이런 상태로는 전력을 다할 수 없고 갖고 있는 실력을 발휘할 수 없다. 하지만 현실적으로 대부분의 사람들이 이처럼 새로운 일을 시작하려 할 때는 심한 긴장감과 불안감에 시달리게 된다.

이것을 해소시키는 방법은 없을까.

무엇보다 우선 '난 할 수 없다' 라든가 '실패하면 어쩌나' 하는 따위의 생각을 하지 않는 것이 중요하다. 시작도 하기 전에 '실패

하면 어떻게 하나' 하고 머뭇거리기 때문에 머릿속이 혼란스러워
지고 몸까지도 굳어지는 것이다.

따라서 결코 나쁜 이미지를 머릿속에 연상하지 말아야 한다. 좋
은 결과만 그려보자. 그 일이 잘 성취되었을 때의 모양을 구체적
으로 또렷하게 그려보는 것이다.

'이미지 성공법'은 스포츠 분야에서도 이미 널리 받아들여지고
있다. 실력면에서는 거의 차이가 없는 선수들의 최후의 승부는 정
신력에 달려 있기 때문이다.

역대 올림픽 우승자의 인터뷰에서 그것을 확실하게 알 수 있다.
'자신이 제일 먼저 골인하는 모습을 상상해 보았다.' 라든가 '상대
를 누른 자신의 모습을 그려 보았다.' 고 대답한다.

100미터 달리기의 우승자인 모리스 그린은 스타트시점에서 벌
써 골인지점을 상상했다고 한다.

'첫 번째로 골인하는 내 모습을 확실하게 그려보니 이상하게 자
신이 생겼다. 그리고 그것이 실현된 것이다.' 라고 말했다.

메이저리그에서 두 번 다시 나오지 않을 사람이 있다면 그는 베
이브 루스이다. 그는 배트박스에 들어가면 배트로 스탠드를 가리
키며 홈런을 치는 장소까지 예고하였다고 한다.

어떤 일을 시작할 때 무엇보다 중요한 것은 쓸데없는 걱정이나
불안을 벗어던지는 일이다. 모리스 그린이나 베이브 루스가 그랬
던 것처럼 늘 자신감 넘치는 자세가 중요하다. 항상 넘치는 자신
감으로 반드시 실천하겠다는 행동력을 위해 평소 '이미지 성공
법'을 습관화하는 것이다. ❋

성공의 신은 늘 약속 시간보다 늦게 나타난다. 그런 사실도 모르고 성공이 정해진 시간에 나타나지 않는다고 서둘러 돌아서면 안 된다. 다소 늦더라도 성공은 눈앞에 나타난다는 생각으로 서두르지 말고 바쁘게 살아가면 되는 것이다.

2

습관은
관계와 일상을
지배한다

Power of habit

01

말을 다스리는 습관

말은 바람 같아서 늘 한쪽으로 불지는 않는다
상대를 훼손시키기 위해 던진 말도 언젠가는 자신에게 비수가 되어 날아든다

"처음 뵙겠습니다"

1초의 이 짧은 말에서 일생의 순간을 느낄 때가 있다.

"고마워요"

1초의 이 짧은 말에서 사람의 따뜻함을 알 때가 있다.

"힘내세요"

1초의 이 짧은 말에서 용기가 되살아날 때가 있다.

"축하해요"

1초의 이 짧은 말에서 행복이 넘치는 때가 있다.

"용서하세요"

1초의 이 짧은 말에서 인간의 약한 모습을 볼 때가 있다.

"안녕"

1초의 이 짧은 말에서 일생 동안의 이별을 예감하기도 한다.

『성공의 시간』에 나오는 1초의 짧은 말이다.

어떤 말을 만 번 이상 되풀이하면 그 일은 반드시 이루어진다는 것을 아메리카 인디언들은 믿었다고 한다. 지금 당신이 중얼거리는 말은 무엇인가. '지겨워 죽겠어.' '나는 왜 이 모양이지?' 만 번만 되풀이하면 그대로 이루어질 것이다.

한 번 떠나면 다시는 돌아오지 않는 세 가지가 있다. 잃어버린 기회와 시위를 떠난 화살 그리고 입에서 나온 말이다. 이 중에서 가장 무서운 것이 말이다. 칭찬과 격려의 말은 상대에게 용기와 행복을 준다. 반면에 비난과 질타는 신용과 명예를 한꺼번에 무너뜨리는 저주의 화살이 된다.

말은 마음의 그림이라고 한다. 우리가 하는 말 속에는 인격은 물론 영혼의 모든 것이 들어 있다. 말 속에는 자신의 자화상을 포함해 인생 전부가 농축되어 있는 셈이다. 귀가 두 개인 것은 보다 잘 들으라는 의미이다. 하지만 입이 하나인 것은 신중히 책임질 말만 가려서 하라는 뜻이다. 말은 그래서 중요하며 혀는 곧 영혼의 소리이다.

"봉황은 잘 울지 않지만 한 번 울면 모든 사람을 놀라게 할 것이다"라는 『사기』의 구절을 되짚어 볼 필요가 있다. 봉황은 쉽게 잘 울지 않지만 일단 힘차게 한 번 울면 그 소리가 온 세상을 뒤덮게 한다는 것이다. 그래서 듣는 사람 누구나 그 장엄함에 감탄을 하게 된다.

사람의 말 역시 봉황의 울음소리와 같아야 한다. 반드시 필요할 때 던지는 무게 있고 신중한 말 한마디가 모든 사람들 가슴에 와 닿는 봉황의 울음소리가 된다. 적절한 시점에 자신의 의사를 신중하게 전달할 때 효과는 그 이상이 된다.

친절하고 사교성 있으며 늘 부드러운 태도로 말을 하라는 지침은 귀에 못이 박힐 정도로 들어왔다. 그러나 그보다 더 중요한 것은 상대의 마음을 다치게 하는 말을 조심스럽게 하라는 것이다. 특히 처음 만나는 상대이거나 비즈니스를 위해 만난 상황이라면 더욱 신중을 기해야 한다. 혀는 아주 작은 신체 일부지만 그것을 사용하는 사람을 어디로든 몰고 갈 수 있다.

자신의 품위와 절도를 유지하기 위해서라도 말조심을 해야 한다. 함부로 내뱉은 날이 선 말은 외과 의사조차 고칠 수 없는 깊은 상처를 남긴다. 말은 때로는 칼보다 더 날카롭고 위험한 무기인 셈이다. 말수가 적으면 감당해야 할 결과도 줄어든다. 자신이 내뱉은 말은 결국 자신에게 되돌아오는 부메랑임을 명심해야 한다. 말은 바람 같아서 늘 한쪽으로 불지는 않는다. 상대를 훼손시키기 위해 던진 말도 언젠가는 자신에게 비수가 되어 날아든다. 자신의 입이니 아무리 말을 많이 하고 함부로 다뤄도 손해될 것이 없다는 생각은 위험하다. 그런 사람은 말로 인해 손해를 보고 나서야 후회를 한다. 통찰력이 뛰어난 사람은 예리한 논리로 무장한 채 말은 부드럽게 한다.

말 한마디로 상대방의 공감을 쉽게 얻어낸다는 것은 대인관계 또는 비즈니스에서의 최고 기술이다. ✤

02

모르는 것을 부끄럽지 않게
생각하는 습관

모르는 것이 무지가 아니라 몰라도 묻지 않는 것이 더 큰 어리석음이다

시사 주간지 타임지의 편집장 리처드 스텐절이 남아프리카공화국 최초의 흑인 대통령이었던 넬슨 만델라가 어떻게 위기를 극복했는지를 담은 글의 일부이다.

만델라는 사물을 옳게 이해하고 사건을 모든 측면에서 검토하기 위해 늘 많은 시간을 투자한다. 습득하지 못한 지식을 아는 척하는 뻔뻔함도 없다. 그래서 자신보다 명석하고 빠르게 습득하는 사람들과 함께한다. 제대로 된 전문지식을 지닌 사람들에게 기꺼이 배우기를 원한다. 또한 그들에게 설명해달라고 부탁하는 것을 부끄러워하지 않는다.

넬슨 만델라는 상대에게 도움과 대화를 청함으로써 배움을 얻고 더불어 그들에게 책임을 부여해 자기편으로 만들었다.

사실 모르는 것이 때로는 약이 된다지만 현대의 경쟁사회에서

는 부끄러움이 될 수도 있다. 그렇다고 모르는 것 앞에서 물러서고 돌아서 간다는 것은 더 큰 과오이다.

모르는 것을 묻는 것은 순간의 창피지만 모른 채 살아가는 것은 평생의 수치라는 말을 상기해야 한다.

젊은 시절 직장생활을 하면서 '질문광'이란 별명을 얻은 사람이 있다. 그는 모르는 것이 더 많았던 신입사원 때부터 선배들을 보면 질문부터 퍼붓는 게 일이었다.

"선배님, 이게 대체 무슨 말이죠?"

"이건 어떻게 처리해야 하는 겁니까?"

"이대로 하면 될까요?"

그의 질문공세에 시달린 선배들은 아예 피하듯 도망치기 바빴다. 그러나 그는 모르는 것에 대해서는 당당히 묻는 것이 젊은이의 특권이라고까지 생각했다. 그 후 그는 몇 년 지나지 않아 귀찮다며 피하던 선배들을 앞서고 팀장의 자리까지 오를 수 있었다.

사실 직장생활을 하면서 모르는 것을 인정한다는 자체가 결코 쉬운 일만은 아니다. 젊었을 때는 차라리 특권이라고 할 수도 있겠지만 어느 정도 진급하고 부하직원을 거느리게 되면 힘들어진다. 그들 앞에서 "잘 모르겠는데 좀 가르쳐주겠나?"라고 말하기 쉽지 않다. 나이가 들고 지위가 있으니 그것만으로도 체면이 생명일 수 있는 선배 혹은 상사라는 기분이 들기 때문이다.

모든 것을 다 알고 있다고 생각하는 자만은 가장 위험한 성공의 방해요소이다. 소비자의 기호나 동향은 이미 꿰차고 있다든지, 어느 지역에서 점유율을 1퍼센트 올리려면 어떤 마케팅 전략을 펼치는 것이 좋다는 등의 확신이 그것이다. 이와 같은 자만은 실패의 위험을 불러온다. 긴장감이 사라져 가장 노련하다고 여길 때 사고를 내기 쉬운 자동차 운전과도 같다.

아무것도 모른다는 백지상태에서 출발하는 것이 좋다. 모르는 것이 있다면 솔직히 인정하고 어떻게 하면 알 수 있을지 노력하는 것이 강해지는 일이다.

스스로 연구하기 – 시행착오의 반복 – 행동하기 – 타인에게 질문하기

이 과정을 반복하는 동안 결국 완전무장의 자신감을 얻게 된다.

성공을 위해서는 몰라도 묻지 않는 습관을 버려야 하며 모른다는 사실 자체도 모르는 상태에서 벗어나야 한다. 물어도 가르쳐 주지 않는 사람이 되어서는 안 되고 가르쳐 주지도 않고 시키는 사람이 되어서도 안 된다. ❁

03...

인재를 잘 선택하는 습관

세련되고 월등해 보이는 사람보다
아직은 미완성이지만 가능성이 열려있는 인재도 놓쳐서는 안 된다

복숭아꽃은 아무 말도 하지 않는다. 그러나 복숭아꽃의 아름다움은 저절로 나무 밑으로 사람들을 모이게 하고 그 흔적으로 오솔길이 만들어진다. 좀 더 넓은 의미로는 위대한 사람 주위에는 자연히 사람들이 모인다는 뜻도 될 것이다.

성공한 사람 곁에는 늘 능력 있고 신뢰 받는 인재가 있는 법이다. 오른손과 왼손을 대신할 정도로 성공을 위한 숨가쁜 레이스에 충실한 조력자 역할을 하는 존재이다. 보다 빠른 성공과 단단한 입지를 구축하려면 함께할 훌륭한 파트너나 인재를 선별하는 안목도 중요하다.

과연 어떤 사람이 훌륭한 파트너일까? 우선 당장 꽃집에 가서 꽃을 골라보라고 충고하고 싶다. 당신은 꽃을 살 때 활짝 만개한 것과 이제 막 꽃봉오리를 피우려는 것 중에 어떤 것을 선택할 것인가. 만약 만개한 꽃을 선택했다면 성급하거나 눈에 보이는 결과만을 좇는 타입일 수 있다. 만개한 꽃이 아름답지 못한 것은 아니지만 수명은 그리 오래가지 않기 때문이다. 반면에 이제 막 피어나는 꽃봉오리는 시시각각 피어나는 생명력과 서서히 아름다운 자태로 변하는 과정을 선물한다. 희망과 기다림 그리고 만족감을 제공한다.

능력이 뛰어나거나 어떤 경지에 오른 존재를 부정하는 것은 아니다. 단지 그런 사람은 자칫 자만심 때문에 추진하는 일에 역효과를 가져올 수도 있다. 이미 능력이 있다고 판단한 결과 자만과 나태함이 스며들 수도 있다.

반면에 아직 완벽하게 꽃을 피우지 않았고 결점이 많은 모습이지만, 달라질 내일을 엿볼 수 있게 하는 존재는 다르다. 꽃봉오리를 터뜨리기 위해 내적 아름다움을 축적해 가는 과정이라 가능성을 예감하게 한다. 사람으로 치자면 가장 생기 넘치고 무한한 가능성을 다지는 시기이다.

인재를 선별하는 조건은 상황에 따라 다를 수 있다. 전문성을 필요로 한다면 이제 막 사회에 뛰어든 사람보다는 경험자가 더 적합할지 모른다. 하지만 세련되고 월등해 보이는 사람보다 아직은 미완성이지만 가능성이 열려있는 인재도 놓쳐서는 안 된다.

눈앞에 보이는 완성된 존재에게만 점수를 주고 인정하려는 태도에서 벗어날 필요가 있다. 무한한 가능성의 꽃씨를 품은 채 내실을 기하며 하루하루 성장해 가는 존재들에게도 눈길을 돌려야 한다. 그들은 곧 새로운 꿈을 터뜨릴 또 하나의 완벽한 아름다움이기 때문이다.

'복숭아꽃은 아무 말도 하지 않지만 그 밑으로는 길이 생긴다.'

훌륭한 경영자 밑에는 훌륭한 인재가 모여들어 그 조직을 더욱 발전시키게 되어 있다. ✤

04

겸손한 마음을 갖는 습관

인생은 매사에 자신을 비우고 조심스런 마음으로 살아야 한다

어느 유명 호텔에서 주류품평회가 있었다. 심사원들이 모여들
어 술맛을 평가하고 있었다.

그 중에서 심사원들이 맛이 싱겁다는 술이 있었다. 그래서 그 술
을 분석해 본 결과 다른 술에 비해 그 어떤 성분도 떨어지지 않았고
오히려 그 술의 성분이 다른 술보다도 짙다는 것을 알게 되었다.

익숙해진다는 것은 자만해지기 쉽다는 위험성을 가지고 있지만
무엇이건 깊이 관여하면 관여할수록 지나친 자만은 나올 수 없는
것이다.

어떤 사진작가는 똑같은 피사체를 20년간이나 계속 찍었는데
도 자신이 없노라고 털어놓았다. 똑같은 피사체를 20년이나 찍어
왔다면 자신감도 생겼을 텐데 말이다. 그런데도 자신 없노라고 털
어놓는 것은 입신의 경지에 들어서라고나 할까.

위대한 고승에게 "해탈의 경지를 터득했다면 구태여 부처님에 의거할 필요는 없을 게 아닙니까?"라고 묻자 고승은 이렇게 털어 놓았다.

"난 부처님이 제일 무섭소. 부처님을 받들지 않고는 살아갈 수 없소. 나는 잘못이 없다고 생각해도 부처님의 눈으로 본다면 어딘가 잘못되어 있을 것이오. 잘못을 저지르지 않으려고 열심히 부처님과의 소통을 꾀하고 있지만 스스로는 완전히 자신이 없소. 그러므로 부처님을 섬기지 않을 수 없다오."

이렇게 말하는 고승의 겸손에 그저 감탄할 뿐이다.

나쁘다는 것을 알면서도 그 일을 한다든가, 나쁠지도 모를 일이지만 해본다는 그런 비양심적인 일을 하지는 않을 것이다. 항상 자기 자신은 정직하다고 생각되는 일만을 할 것이다. 이를 지켜보는 사람의 입장에서 볼 때 멋지다고나 할까 아니면 눈부시다고나 할까. 독창적이며 뛰어난 예술품을 볼 때와 같은 감동 이상이다.

그러한 고승이 부처님의 입장에서 본다면 어딘가가 잘못되었을지도 모른다고 생각하고 살아가고 있으며 잘못이 없기를 바라며 수양한다는 말을 듣고 감명을 받았다.

자기 자신은 잘못이 없다고 생각하지만 보다 큰 눈으로 보고 높은 관점에서 본다면 어딘가 잘못되었을지도 모른다. 그렇게 생각하면 보다 초월적인 존재를 믿지 않을 수 없다는 것이 매사를 깨닫게 된 인간의 본심일 수 있다.

이러한 겸손한 마음의 자세가 아니라면 타인의 충고를 마음속으

로 받아들이지 못하며 영특한 지혜를 받아 발전시킬 수조차 없게
되는 것이다.

　인생은 매사에 자신을 비우고 겸손한 마음으로 살아야만 한다.
그것이 인간표현 중에서 가장 아름다운 방법이라 할 수 있다. ❈

05...

계획에 강약을 주는 습관

계획에 생명력을 불어넣고 리듬과 균형을 취하는 것이 중요하다

차(茶)에 관한 도요토미 히데요시의 일화이다.

전쟁 중에 그는 잠시 절에 들러 차를 한 잔 청한 적이 있었다. 그 절의 행자인 이시다 미쓰나리는 처음에는 미지근한 차를 찻잔에 가득 담아 내주었다.

두 번째는 조금 따뜻한 차를 찻잔의 절반 정도 따라 대접했다. 그리고 마지막에는 뜨거운 차를 잔에 조금 따라서 대접하였다.

땀을 많이 흘린 다음에는 갈증이 몹시 난다는 것을 잘 알고 있는 미쓰나리의 지혜였다. 그래서 목이 마른 도요토미에게 처음에는 미지근한 차를, 두 번째는 차의 맛을 즐길 수 있도록 따뜻한 차를, 마지막에는 느긋하게 차의 향기를 음미할 수 있도록 뜨거운 차를 내놓았다. 이는 차를 마시는 사람의 마음을 헤아려 대접한 것이다. 이것이 그 유명한 '세 잔의 지혜'이다.

심리학에 '시계추 운동'이라는 용어가 있다. 자기는 이 정도면 성공하리라, 이 정도는 하고 싶다고 자기 자신에게 기대하고 분발하는 높이를 요구 수준이라고 말한다. 일반 사람들은 처음에는 높은 레벨의 요구를 하다가 자기 능력이 미치지 못하는 것을 알고는 레벨을 낮추고 또 조금 높이고 또 조금 낮추는 시계추 운동을 되풀이하면서 적절한 레벨을 선택하게 된다고 한다.

예를 들어 중기계획인 일년지계를 세울 때, 홀수 달에는 높게 짝수 달에는 낮게 비중을 두는 것이다. 바로 시계추 운동을 적용하여 계획에 대한 실천을 균형 있게 하는 방법이다. 그래서 1월의 경우 신년의 의욕과 주변의 요구도에 따라 열심히 일을 한다. 2월은 조금 속도를 줄여 반드시 수행할 수 있는 계획을 천천히 해결한다. 다시 3월은 정력적으로 일을 하고, 4월은 강도를 낮춰 힘의 안배에 신경을 쓴다는 것이다.

그런데 만약에 일 년 계획을 타이트하게 그리고 너무 높게 설정하면 어떻게 될까. 경직되어 도중에 움직일 수 없게 되어 좌절하게 될 것이다. 좌절하면 자신을 잃고 패배의식에 빠져 위험에 놓이게 된다. 그러면 반대로 천천히 낮게 정하면 어떻게 될까. 마음의 자세는 하향적이 되며 매사를 소극적으로, 끝내는 나태한 습관까지 만들게 되며 이것 또한 인생을 괴멸하게 하는 결과를 초래할 것이다.

복싱에서는 펀치에 강약을 주라고 하는데, 계획 수립도 마찬가지다. 계획 실천의 유효성을 생각할 때 계획에 생명력을 불어넣고 리듬과 균형을 취하는 것이 중요하다. 중기 계획의 경직화와 공동화를 막기 위해서는 이시다 미쓰나리의 '세 잔의 지혜'와 '시계추 운동'이 유효할 것이다. ❖

06

좌절을 희망으로 바꾸는 습관

인생에 실패와 좌절이 없는 사람은 성공에서 가장 먼 곳에 있는 사람이다

모순투성이의 시대를 살아가며 아무에게도 밟힌 적이 없었다고 자신할 수 있는 사람은 없다. 그러나 밟혔다고 해서 미움을 갖는 다면 이 세상에서 당신이 살아갈 곳은 없다. 미움을 품은 사람이 살아갈 곳은 마음의 지옥뿐이다.

보리는 밟을수록 굵어진다. 무자비하게 밟힌 보리는 다음날 아침이면 혹독한 서리에도 굴하지 않고 다시 일어나 고개를 든다. 그러나 보리는 또다시 밟힐 운명에 있다. 그렇게 밟히면서도 보리는 곧 굵은 결실을 맺어 사람들에게 기쁨을 준다. 약한 사람이란 한 번도 좌절을 맛보지 못한 사람이라는 말도 있다. 한 번도 밟히지 않은 보리처럼 좋은 결실을 맺지 못한다.

인생에는 늘 좌절이 따르게 마련이며, 좌절은 그 사람이 능동적으로 살아왔다는 증거이다. 반대로 한 번도 좌절을 맛보지 못한 사람은 어려운 일에는 절대 도전하지 않는 수동적이고 무기력한 인생을 살았다고 할 수 있다. 이처럼 본능을 억제하고 사는 사람은 마음속에 번민이 생기기 쉽다고 학자들은 말한다.

순풍에 돛을 단 듯한 인생에는 비극이 없다. 그러나 인생에 실패와 좌절이 없는 사람은 성공에서 가장 먼 곳에 있는 사람이다. 앞길이 험난한 사람은 성공과 가장 가까운 곳에 있다고 할 수 있다. 지금까지 문제의 연속인 삶을 살아온 사람이라면 성공에 이르는 최단 거리를 걸어온 것이다.

일본 프로골프계의 오자키 선수는 고등학교 시절에 야구 선수로 활약한 고시엔(甲子園, 일본 고교야구의 결승전이 치러지는 오사카의 야구장)의 투수였다.

요란스럽게 프로야구계에 입문했지만 전혀 가능성이 보이지 않아서 불과 4년 만에 프로야구계를 떠났다. 하나의 문이 닫힌 것이다. 그러자 다른 인생의 문이 열렸다. 오자키 선수는 프로골프계로 전향해서 대성공한다. 오늘날의 일본 프로골프계를 발전시킨 공헌자이다. 만일 오자키 선수가 '나는 무엇을 해도 안 돼.'라고 좌절하며 포기하거나 자신을 과소평가했었다면 현재의 오자키 선수는 없었을 것이다. '이쪽이 안 되면 저쪽이 있다'라고 플러스 사고가 있었기 때문에 반격이 가능했던 것이다.

훌륭한 업적을 이룬 사람 중 좌절을 경험하지 않은 사람은 없다. 좌절을 통해 보다 창조적인 사고를 이끌어내 가능성을 넓혀왔다. 현대는 불확실성의 시대이다. 따라서 어떤 것에 도전했을 때 좌절하는 빈도도 높다. 하지만 좌절을 두려워하는 것은 가만히 앉아서 죽음을 기다리는 것과 다르지 않다. ✤

07

좋아하는 일을
마음껏 즐기는 습관

나소 늦더라도 싱공은 눈잎에 나타닌다는 셍긱으로
서두르지 말고 바쁘게 살아가면 되는 것이다

우리는 일을 하기 위해 태어난 동물이기도 하다. 만약 그 일이 진정으로 원하고 좋아하는 것이라면, 우리는 축복받은 존재이다.

반대로 우리에게 하고자 하는 일이 없다고 한다면 어떨까? 할 일이 없는 사람은 활력이 사라져 어디에서도 삶의 참맛을 느끼지 못하게 된다.

그렇다면 지금 하고 있는 일이 적성에 맞지 않거나 장래성이 없다는 이유로 소홀하고 있지 않나 살펴봐야 한다.

평소 피아노 연주와 작곡이 취미인 한 변호사를 만난 적이 있었다. 그는 하루에 3시간 정도밖에 자지 않고 아주 바쁜 생활을 하고 있었다. 일이 끝나면 연습실을 찾아 늦게까지 작곡과 연주를 즐겼다. 정기적으로 피아노 독주회를 여는 등 패기 넘치는 모습이 매력적이었다. 변호사 일도 바쁜데 어떻게 여러 가지 일을 할 수 있는지 부럽고 궁금하기도 해서 물었더니 그의 대답은 의외로 명쾌했다.

"진정으로 좋아하는 일이라면 피곤하거나 시간이 없다는 것은 문제될 게 아니지요. 시간은 어떻게든 만들 수 있으니까요. 정말로 좋아하는 일이라면 잠자는 시간도 아까울 때가 있죠."

주어진 자신의 시간 속에서 많은 것들을 분주하게 하려는 행위는 매우 생산적이고 발전적인 인간을 형성하는 일이다. 하지만 서두른다는 것과는 구별해야 한다. 악보조차 모르는 사람이 겉멋에 비싼 악기부터 구입할 수는 없다. 생업마저 포기한 채 취향이 같은 사람들과 어울리며 인생의 참맛을 외친다는 것은 시간낭비일 뿐이다. 자신에게 주어진 일에 가치를 부여하고 분주하게 생활하는 것이 곧 의미 있는 삶이다. 바쁘다는 것은 곧 부지런함이다. 자신의 능력을 충분히 활용할 수 있는 시간을 차근차근 쌓아가는 일과도 같다.

성공의 신은 늘 약속 시간보다 늦게 나타난다. 그런 사실도 모르고 성공이 정해진 시간에 나타나지 않는다고 서둘러 돌아서면 안 된다. 다소 늦더라도 성공은 눈앞에 나타난다는 생각으로 서두르지 말고 바쁘게 살아가면 되는 것이다.

아직도 할 일이 많은데 책상에만 앉아 고민하는 사람에게 '살았을 때 바쁘지 않으면 죽을 때 바쁘게 된다.'는 말을 해주고 싶다. ✢

08...

위기관리능력을 갖는 습관

겁이 있으면 지혜가 솟는다
겁이 많은 사람일수록 행동에 주의를 기울일 수밖에 없기 때문이다

요트 탐험가 하루키 씨가 단독으로 세계 일주에 성공하고 무사히 돌아오자 기자들이 질문을 했다.

"이번 모험에서 무엇이 가장 중요했었습니까?"

그는 이렇게 대답했다.

"대담성과 세심한 주의력이었습니다."

이 말은 바꾸어 말하자면 '용기와 겁'이라고 할 수도 있다.

용기와 겁은 대립되는 개념이지만 무엇인가 성취하고자 할 때는 모두 갖춰야 하는 최고의 덕목이기도 하다. 보통은 용기가 중요하고 겁은 소극적인 것이라 버려야 한다고 생각한다. 그래서 특히 겁이 많은 사람은 무시당하는 수가 많다. 하지만 진정으로 강하고 큰일을 하는 사람은 의외로 겁쟁이일 때가 많다.

그 좋은 예가 일본의 전국시대 장군인 오다 노부나가이다. 그는 나고야의 오케하자마 전투 이후 승산이 없는 전투는 거의 하지 않았다. 전력으로나 전략적으로 충분히 승리할 자신이 있을 때만 군사를 일으켰다. 그러나 그의 예상이 빗나가는 경우도 종종 있었다. 그럴 때면 수치고 체면이고 아랑곳하지 않고 도망치곤 하였다. 교토에 있는 한 절에서 습격을 당해 죽은 것은 천려일실(千慮一失 : 천 번 생각에 한 번의 실수)이었다.

이 세상에서 두려움을 모르고 거침없이 행동한 영웅호걸들은 단지 폭력적인 힘을 내세우는 무용담과 전설을 남겼을 뿐이다. 또한 역사적으로는 그다지 큰 업적을 세우지 못한 채, 현재라면 당장 철창신세를 져야 할 만한 사람으로 취급되기도 한다.

그렇다면 왜 겁이 필요한가. 겁이 있으면 지혜가 솟기 때문이다. 겁이 많은 사람일수록 행동에 주의를 기울일 수밖에 없다.

"겁이 많아서 무서움을 잘 타는 사람이기에 사물의 본질을 이해할 수 있는 지혜가 생긴다. 결국 현실주의자가 되지 않을 수 없다. 이런 겁쟁이에게는 관념이나 감상의 속임수가 통하지 않는다."고 한 말은 그런 면에서 진실이라고 생각한다.

겁이라는 말이 지닌 느낌이 아무래도 어둡고 음침해서 남이 겁쟁이라고 부르면 듣기 싫다. 하지만 이 말은 주의를 한다는 뜻을 지니고 있다. 이른바 위기관리능력이 예리한 사람을 겁쟁이라고 하는 것이다. 이렇게 생각하면 가령 겁쟁이라는 말을 듣게 되더라도 태연해질 수 있지 않을까. ❖

09

플러스적인
자기암시를 주는 습관

어려운 일에 매달려 괴로워하면 안 된다. 두려움은 성공의 적이다

쉬운 일을 할 때는 정신이 산만해지기 쉽고, 어려운 일을 할 때는 마음이 약해져서 지레 겁을 먹기 쉽다. 이로 인해 실패를 자초하는 일이 종종 생겨난다. 일이란 무턱대고 달려들면 곳곳에 은폐되어 있는 함정에 빠질 수도 있지만, 신중하게 대처하면 때때로 불가능하게 보이던 일도 성취해 낼 수 있다.

일단 계획이 수립되면 꼼꼼하게 검토해야 한다. 하찮은 일도 괜히 지나친 기우로 불안과 두려움을 가져다 줄 수 있다. 어려운 일에 매달려 괴로워하면 안 된다. 두려움이 걸림돌이 되어 자신감과 주도성을 뒤흔들 수 있기 때문이다.

골프를 쳐본 사람이라면 누구든지 이런 경우와 맞닥뜨린 경험이 있을 것이다. 워터 해저드인데 눈앞의 연못이란 장애물 때문에 신경이 쓰여 제 실력을 발휘하지 못한다. 공이 연못에 들어가면 안 된다는 생각에 온몸이 경직된다. 그래서 공을 치지만 결국 실수를 하고 마는 것이다.

왜냐하면 공이 연못에 빠질지 모른다는 불안과 잘못되면 곤란해질 것이라는 우려가 동시에 작용했기 때문이다. 그런 걱정 속에서 결국은 공을 연못에 빠뜨리고 마는 것이다.

이런 경험을 두세 번 반복하다 보면 연못이 있을 때마다 위축되기 마련이다.

'어쩌면 잘 안 될지도 몰라.' 하고 생각하며 한 일은 결국 부정적인 결과를 초래할 뿐이다.

그것과는 상반되게 '반드시 잘 될 거야. 성공하게 될 거야.' 하고 확신을 갖고 한 일은 그대로 실현되는 경우가 많다. 자기 스스로가 자기암시에 지배당하고 있기 때문이다.

예로부터 함께 먹으면 안 된다고 전해지는 상극의 음식이 있다. 예를 들면 복어와 미나리는 상극이라 할 수 있으며, 또 복숭아와 장어도 함께 먹으면 반드시 배탈이 난다고 한다. 그러나 사실 의학적인 근거는 없으며 암시에 의한 영향이라는 설에 더 가깝다.

한 남자가 어렸을 적에 복어와 미나리를 몇 번이나 함께 먹은 적이 있었다. 그러던 그가 고등학생이 되었을 때 누군가로부터 복어와 미나리는 상극이니까 같이 먹으면 몸에 해롭다는 주의를 듣게 되었다. 그때까지만 해도 그는 상극이 되는 음식이 있다는 사실을 모르고 있었던 것이다. 그러나 그 말을 들은 이후로 복어와 미나리를 먹으면 반드시 설사를 일으키게 되었다. 어른이 된 지금도 복어와 미나리는 보기만 해도 기분이 나빠진다는 것이다.

이처럼 자기암시의 힘이라는 것은 정말 대단하다. '나는 천성적으로 몸이 약하다.' '나는 마음이 약해서 그런 일은 못한다.' '나는 사람들과 사귀는 데는 서투르다.' '나는 아둔하니까' 이런 생각들은 모두 마이너스적인 자기암시이다.

이와 같은 나쁜 암시를 자신에게 줌으로써 정말로 나쁜 결과를 발생시키는 것이다. 이것이 마음의 법칙이다. 자신에게 마이너스적 암시가 아닌 플러스적 암시를 주는 것이 중요하다. ✤

10

하루를 관리하는 습관

오늘은 어제의 끝, 내일은 오늘의 끝이라고 생각한다면
오늘 하루쯤이야 하는 식으로 낭비하지 말아야 한다

인류를 주식(主食)을 기준으로 보면, 쌀밥을 먹는 민족과 빵을 먹는 민족으로 나눌 수 있다.

그 중에서도 쌀밥을 먹는 민족은 자신의 나이에 대한 의미와 개념에 익숙하다. 쌀(米)이라는 문자는 八十八이라는 글자로 이루어져 있는데, 음력 5월의 모내기철을 나타내는 것과 동시에 벼가 익을 때까지의 88가지의 괴로움을 포함하고 있다고 해석된다.

가을에 햅쌀을 추수하면 올해도 무사히 지나갔다고 누구나 안도의 한숨을 쉬고 다시 내년을 대비하는 마음을 가지게 된다. 이것으로 쌀과 나이가 깊은 연관성을 가지게 되는 것이다.

하지만 빵의 원료인 밀이나 호밀은 벼농사만큼 힘이 들지 않고 일 년에 몇 번씩 수확을 할 수 있기 때문에 나이에 대해 그만큼 의미나 개념을 강하게 두지 않는다.

그래서 아메리카나 유럽 등 서양인들을 만나면 "몇 살입니까?"라는 질문을 받는 경우가 별로 없지만, 동양인을 만나면 상황이

다르다. 대부분이 나이와 학교를 언제 졸업했는지 등을 물어본다. 그러면서 어쩌다 보니 30이 되었고, 40이 되었다고들 한다. 사람은 스스로 느끼지 못하는 사이에 나이를 먹는다.

직장생활을 오래 한 사람이라면 여러 번 인사이동을 겪는다. 직장을 그만두는 날에 일하는 사람들의 모습에서는 매우 흥미로운 점을 발견할 수 있다. 확실히 평소와 다른 구석이 많다. 특히 퇴근 시간이 가까워지면 평소에는 하지 않던 일을 꼼꼼하게 정리한다. '날아가는 새는 뒤를 어지르지 않는다.'는 말처럼 오늘이 마지막이라는 생각에 신중해지는 것도 당연하다.

불치병에 걸린 사람들이 쓴 수기를 보면 병에 걸리기 전과는 다른 마음으로 하루하루를 살게 되었다는 이야기가 자주 나온다. 매너리즘에 빠져서 살던 사람이라도 만일 자신에게 남은 시간이 얼마 없다는 사실을 알면 인생을 보는 눈이 달라진다. 그리고 하루하루를 더욱 소중하게 보내게 된다.

세월은 놀랄 만큼 빨리 흐른다. 그래서 인간은 매시간 죽음을 향해 가고 있으므로 촌음을 아껴 하루하루에 충실해야 한다.

'오늘 하루도 무사히 지냈다', '오늘 하루도 일용할 양식을 얻었다'는 이런 고마운 오늘 하루가 모여 인생을 충실하게 만든다.

오늘은 어제의 끝, 내일은 오늘의 끝이라고 생각한다면 오늘 하루쯤이야 하는 식으로 낭비하지는 못할 것이다. '내 몸이 건강해서 백 년은 살 수 있는데, 그 중의 하루쯤이야'라는 생각 속에 나태의 싹이 숨어있고 자신도 모르는 사이에 커가는 것이다.

영국의 소설가이자 시인인 키플링은 이렇게 말했다.

"가장 가치 있는 시간은 최선을 다한 시간이고, 가장 소중한 시간은 지금 바로 이 순간이다." ✤

11...

일을 소명으로 생각하는 습관

일을 흥미로운 놀이로 생각할 수 있는 힘은 오지 자발적인 습관에서 나온다

일을 소명으로 생각하는 전환이 필요하다. 소명(vocation)은 '부르심(calling)'이라는 라틴어에서 나온 말이다. 또한 부르심은 '목소리(voice)'에서 유래된 말이다. 일이란 이런 것이어야 한다. 나를 부르는 것, 즉 내가 누구이며 세상에서 어떤 생각을 전달하고 싶은지 확실한 자신의 목소리를 내는 것이다. 소명을 발견할 수 있다면 어떤 일이든 즐거움으로 감당할 수 있을 것이다.

그렇다면 일을 놀이라고 생각한다면 어떨까.

누군가 우리에게 일과 놀이 중에 어느 쪽이 더 흥미롭겠냐고 묻는다면 당연히 후자라고 대답할 것이다. 그러나 놀이도 자신이 원하는 상태에서 이루어져야 흥미를 유발하고 만족을 얻어낼 수 있다.

휴일을 맞아 가족이나 가까운 사람들과 함께 공원으로 자전거를 타러 나간다고 하자. 그런데 스스로 원해서가 아니라 의무감이나 강제성을 띤 상태에서라면 그다지 즐겁지 않다. 분명 놀이인데

도 오히려 노동처럼 여겨질 수도 있다. 결국 즐거움보다는 고통에 가까운 일이다.

일과 놀이의 차이는 마음먹기에 달려있다. 놀이는 즐기는 것으로 받아들이기 때문에 즐거울 수밖에 없다. 하지만 일은 하지 않으면 안 되는 것으로 생각했기에 즐겁지 않은 것이다. 자발적인 행동만이 그 차이를 극복할 수 있다.

우리는 이상하게도 누군가 강요하거나 시키는 일에 대해서는 마음이 내키지 않는 심리를 갖고 있다. 하지만 스스로 떠올렸거나 오래 궁리했던 일에 대해서는 전력투구하는 모습을 보인다. 신명이 나고 너무 흥이 난 나머지 밤을 새워도 피곤한 줄 모른다.

일을 흥미로운 놀이로 생각할 수 있는 힘은 오로지 자발적인 습관에서 나온다. 일을 해야지만 나와 내 가족이 살 수 있다는 단순한 논리에서 벗어나는 것도 한 방법이다. 물론 생활의 근본은 일이겠지만 보다 큰 의미를 부여하는 것도 동기가 된다.

아직도 주어진 일 앞에서 망설이고 있는 사람들이 있다면 이런 말을 들려주고 싶다.

"백 년을 산다는 생각으로 일을 하라. 그리고 내일 죽는다는 생각으로 놀아라!" ✤

12...

산책과 걷기를 생활화하는 습관

걸으면 머리가 맑아지고 몸이 가벼워진다. 이보다 저렴한 만병통치약은 없다

일본 교토 기타야마에는 사찰 긴카쿠지에 이르는 길이 하나 있다. '철학의 길' 로 알려진 유명한 곳으로 도쿄대학 교수였던 철학자 니시다 기타로가 이곳을 걸으며 사색했다고 해서 붙여진 이름이다.

독일 하이델베르크에도 네카어 강을 따라 이어진 '철학자의 길' 이 있다. 이곳도 관념론의 완성자인 철학자 헤겔이 자주 걸었다고 해서 그 이름이 생겨났다.

철학자들은 왜 산책을 좋아했을까? 철학자들이 산책을 좋아한 데는 그 나름대로의 이유가 있다.

고대 그리스의 의학자 히포크라테스는 그 당시 사람들에게 "걸으면 머리가 맑아진다"는 말을 자주 했다. 우리가 걸을 때마다 머리가 흔들리면서 뇌의 활동이 활발해진다는 논리다. 현대의 뇌 생리학에서도 오래 전부터 정설로 굳어져온 이론이기도 하다.

산책 또는 걷기를 십분 활용하려면 한 가지 준비해야 할 것이

있다. 머리가 맑아지는 '비움'과 함께 기대할 수 있는 '채움'을 얻기 위해서이다. 밖으로 나서기 전 책상 앞에서 잠시 정보들을 정리하는 것인데 산책을 하면서 그것들을 조합하다 보면 답을 찾을 수도 있기 때문이다. 그러나 너무 의존해서는 안 된다. 산책은 말 그대로 가볍게 걸으며 생각을 정리하거나 사색을 위한 길이다. 그 안에서 맑아진 머리로 담아낼 수 있는 사소한 것이라도 소중하다는 자세가 필요하다.

산책이 좋은 점은 생각보다 많다. 연인은 물론 친구 또는 직장동료와 걸으며 즐거운 대화 속에서 쾌적한 시간을 만들 수 있으며, 과격한 운동과는 달리 여유를 가질 수 있다. 누군가와 산책을 하면서 같은 소리를 듣고 같은 것을 보며 대화할 수 있다는 것은 피로를 풀고 힘을 충전하는 기회가 되기도 한다.

무겁던 머리를 비워 내고 쉽게 풀리지 않던 문제의 실마리도 찾고 건강까지 챙길 수 있는 산책이야말로 현대인에게 필요한 비타민과 같은 시간이다. ❖

13...
실패가 거듭되어도
좌절하지 않는 습관

노력하고자 하는 의욕과 신념만 버리지 않는다면
실패란 성공 바로 직전에 있는 건널목일 뿐이다

실패를 했다고 해서 좌절하거나 절망하지 말아야 한다. 아직 기회가 있다는 생각으로 도전하는 것이 지금까지 경험했던 실패들을 값지게 만든다.

실패할 때마다 절망하고 주저앉는다면 세상에 존재할 승리자는 없다. 차라리 아무런 목적과 꿈도 없는 사람이 행복한 세상이 되고 말 것이다.

유통과 레저 분야를 대표하는 기업이 세이부 그룹이다. 창업자 츠츠미 고지로는 정치가로도 활동한 인물이지만 수많은 실패를 경험했었다. 그는 스스로를 어떤 성공도 거둘 수 없는 패배자로 여긴 적도 있었다.

그는 초등학교를 우수한 성적으로 졸업했지만 가정 형편으로 중학교 진학을 포기해야만 했다. 그 후 4년 동안 농업 관련 일을 하다 사업을 시작하게 되었다. 하지만 무슨 일을 벌여도 성공과는 거리가 멀었다.

비료상회, 철공소, 석탄사업, 잡지사, 선박회사, 진주양식업 등이 모두가 그가 벌였다가 실패한 사업들이다. 그는 그때를 회상하며 이렇게 밝힌 적이 있다.

"나는 이 세상에 없는 게 더 나은 인간이라고 생각했었다."

그러나 실패하는 것은 물론 절망하고 좌절하는 것이 특정한 사람들만의 일은 아니다. 누구라도 뼈아픈 절망 속에서 신음할 수 있다. 대성공을 거둔 츠츠미 고지로 역시 최악의 시기에는 처절한 실패로 인해 좌절 속에 살았다.

그러나 그는 실패를 계기로 새로운 각오를 다졌다. 세상과 사람들을 위해 일하기로 마음을 굳힌 것이다. 그러자 기적처럼 변화가 시작되었다. 철도회사를 창설하여 이른바 츠츠미 콘체른(기업결합)을 세웠다. 정계에도 진출하여 1953년에는 중의원 의장을 맡기도 했다.

그의 대성공은 결코 우연이나 한순간의 행운이 아니다. 그가 실패하고 주저앉고 싶을 때마다 마지막 순간에는 좌절하지 않고 일어섰기 때문이다. 자신 안에 움츠리고 있던 저력을 발휘한 결과이다.

아무리 재능이 뛰어난 사람이라도 죽을 때까지 수많은 실패를 경험하게 된다. 그러나 이 실패를 깨달음의 기회로 삼고 노력하는 사람만이 성공할 수 있다. 조금만 참아내고 노력하면 성공으로 가는 길목에 도달할 수 있음에도 불구하고 대부분은 어느 지점에서 포기하고 만다.

실패를 했어도 결코 절망이라고 선언하지 말고 기회가 주어졌다는 생각으로 재도전해야 한다. 어려운 시기만 극복하면 성공이 보인다는 희망을 버려서는 안 된다. ✤

14

나는 가능하다고 믿는 습관

자신감을 스스로에게 끊임없이 주입시키는 습관이 곧 발전이라는 것을 깨달아야 한다

"꼭 이루고 싶은 소망이 있다면 목표를 향해 지금 행동으로 옮겨라. 오늘이 지나면 간절하게 소망하던 일이 한순간의 공상으로 끝날지도 모른다."

심리학자 멜번의 말이다.

'오늘부터 금주, 금연이다!' '오늘 안으로 일을 반드시 끝낸다!' 라는 결심을 실천해 보이는 사람에게 우리는 존경스럽다는 말을 아끼지 않는다. 그의 강인한 의지력과 실천력에 감탄하기 때문이다. 하지만 보통의 경우 그렇게 행동하기란 생각처럼 쉽지 않다. 일단 결심은 쉽게 하지만 '누구에게 약속한 것도 아닌데' 라는 생각에 슬그머니 자신에게 관대해지는 것이 대부분이다. 결국 결심은 조금씩 중화돼 가고 나중에는 포기하는 결과만 초래한다.

실행하기 힘든 결심을 끝까지 지키고자 한다면 가능하면 주변에 알리는 것이 좋다. 생각만으로 결심을 하지 말고 직접 입을 통

해 말하는 것이다. 유언실행이자 호언장담의 방법이다. 결심을 표면화시키고 그로 인해 주변 사람들이 지켜보고 있다는 자각은 실천을 위한 긍정적인 방법이 된다. 또한 무엇보다 중요한 것은 자신과의 약속이다. 나는 무엇이든지 할 수 있다는 자신감을 스스로에게 끊임없이 주입시키는 습관이 곧 발전이라는 것을 깨달아야 한다.

지금까지 우리들을 지배하고 있던 실패나 불행의 예감을 긍정적이고 발전적인 신념으로 바꿀 수 있다. '나는 가능하다' 라는 신념이 바르게 이해되고 습관 속에서 실천될 수만 있다면 무엇으로도 막을 수 없는 큰 힘을 발휘할 수 있다.

할 수 있다는 자신감은 우리 인간행동의 절실한 기폭제이다. 자신감으로 시작하면 무슨 일이든 적극성을 띠며 승리할 수 있는 에너지가 된다. 싸움닭을 훈련시킬 때 주인은 시합에 나가기 전까지 약한 상대만을 골라 연습을 시킨다고 한다. 오로지 승리만을 닭에게 주입시키고 각인시키기 위함이다. 패배를 모르는 닭은 자신감으로 넘쳐 더욱 강해지고 어떤 강적을 만나도 기가 꺾이지 않는 것이다.

동양의 가르침 가운데 '비육지탄' 이라는 말이 있다. 칼과 창을 들고 전쟁터에 나가야 할 장수가 그러지 못해 다리에 살만 쪄서 한탄한다는 뜻이다. 아무것도 할 수 없으니 세상에 이름을 떨칠 기회가 사라져 탄식할 뿐이다.

자신감으로 마음을 무장하고 실행하는 것이 무너진 자존심을 세우는 일이다. 잠시 정체에 빠진 자신을 돌아보고 지금 필요한 것이 무엇인가를 깨달아야 한다. 그리고 자신을 굳게 세울 자신감과 신념으로 다시 칼과 창을 드는 것이다.

자기중심에 자신감을 심어 놓은 사람은 어떠한 불안이나 혼란에 직면했을 때에도 승리의 함성을 지르며 살아갈 수 있다. ✤

15...

방심하지 않는 습관

승부는 최후의 순간에 결정된다. 마지막 순간까지 방심해서는 안 된다

비즈니스 세계에서 고객에 대한 설득은 매우 중요하다.

설득을 잘하려면 상대의 이야기를 많이 들어 주고 어떤 생각을 하고 있는지 파악하는 것도 매우 중요하다. 설득을 하겠다는 마음에 끊임없이 이야기를 늘어놓지만 시간만 흘러갈 뿐 아무런 소득이 없는 경우가 많다. 이럴 때는 말을 중단하고 상대의 이야기를 잘 듣고 있다가 급소를 찾아내 그 점을 정확히 짚어주면 훨씬 효과적으로 긍정적 대답을 이끌어 낼 수 있다.

나폴레옹은 이렇게 말했다.

"전투에서의 승부는 최후의 5분에 결정된다."

무슨 일이든 결과가 완전히 나오기 전까지는 마지막 순간까지 결코 포기해서는 안 된다. 시작도 하기 전에 실패할 것이라고 지레짐작을 하는 사람이 있는가 하면 또 의욕을 갖고 일에 뛰어들었다가 작은 문제라도 생기면 위축되어 그 즉시 뒤로 물러나 포기해 버리는 사람도 있다.

나무타기의 명인이 있었다. 그는 나무타기의 명인이 되고 싶어 찾아오는 사람들에게 이렇게 말했다.

"다 내려왔다고 생각한 순간에 주의해야 합니다. 올라갈 때보다 내려올 때, 특히 발이 땅에 닿으려고 하는 그 마지막 순간에 가장 조심해야 합니다."

일이 거의 끝나갈 때쯤 되면 긴장을 풀고 방심하는 사람들이 흔히 가지고 있는 맹점을 정확히 짚어내고 있는 말이다.

설득에서도 같은 충고를 적용할 수 있다. YES가 곧 행동으로 이어지리란 보장은 어디에도 없다. YES라는 대답을 들었으니 이제 만사 OK라고 마음 푹 놓고 있다간 언제 다시 NO로 바뀔지 모른다. 재차 확인하고 다짐을 받아서 행동으로 옮기도록 촉구함으로써 일을 잘 마무리해야 하는 것이다.

설득을 퍼즐 맞추기에 비유하는 건 바로 이런 이유이다. 퍼즐에서 마지막 한 조각이 맞춰지지 않으면 아무 소용이 없는 것처럼 설득에서도 이 마지막 한 조각을 잊지 않도록 유념해야 한다.

승부는 최후의 순간에 결정된다는 말은 끝까지 희망을 버려서는 안 된다는 뜻으로 해석할 수도 있지만 한편으로는 마지막 순간까지 방심해서는 안 된다는 뜻으로도 해석할 수 있다. ✤

우리가 사는 세상살이도 오케스트라와 같다. 물론 개개인마다 개성이 다르고 재능이 있겠지만 서로가 보완하고 보탬이 된다면 더 크고 아름다운 화음을 만들어 낼 수 있다. 결국 우리가 공통된 관심을 나누고 힘을 모을 때만이 영혼은 더욱 풍요롭고 자유롭게 되는 것이다.

3

반복되는
자신의 습관에
집중하라

Power of habit

01...

기회를 포착하는 습관

자신에게 주어진 목표를 향해 열심히 노력하는 사람에게 기회는 찾아온다

인생에는 여러 차례의 기회가 온다. 그 중에 단 한 번만 잘 잡아도 어느 정도 성공을 기대할 수 있다. 그러나 자신에게 주어진 기회를 모두 자기 것으로 만드는 사람이 있는 반면에, 수많은 기회가 찾아와도 단 한 번도 잡지 못하고 늘 허덕이는 사람도 있다.

기회는 흔치 않지만 그 기회를 잡는 것도 쉬운 일은 아니다. 능력 있는 사람은 자신의 기회를 한 번에 행운으로 만드는 사람이다. 기회를 잡고 놓치는 것은 그 사람의 능력이 좌우하는 것이다. 그래서 누구에게나 기회는 찾아오지만 그것을 잡고 행운을 얻는 사람은 한정되어 있다.

기회를 잡지 못하는 사람들의 네 가지 유형이 있다.

첫째, 기회를 잡고도 기회가 왔는지 안 왔는지 모르는 사람

둘째, 기회를 잡고도 의심하는 사람

셋째, 기회를 포착했지만 잘못 잡은 사람

넷째, 기회를 잡고도 쉽게 놓치는 사람

첫 번째 경우는 자신의 인생에 대해 전혀 책임질 능력이나 아무 생각도 없는 사람이다. 한마디로 전혀 준비가 되지 않은 무지한 사람이다.

두 번째 경우는 분명 무엇인가를 손에 넣었는데 이것이 독인지 약인지 분간을 못하는 사람이다. 이런 사람은 삶의 센스는 있는데 자기계발에 게으른 사람으로 매사에 자신감이 결여되어 있어 판단이 흐린 사람이다. 그러나 자신감을 가지고 실력을 충분히 쌓으면 언젠가는 기회를 잡을 수 있다.

세 번째 경우는 기회를 포착하는 감식안이 부족한 사람이다. 그래서 기회가 찾아왔을 때 자신에게 맞는 것을 선택하지 못하고, 좋은 기회를 잡았어도 자신감 있게 뛰어들지 못하게 된다.

네 번째는 기회를 잡기는 했지만 의지력과 추진력이 부족한 사람이다. 의지력이 부족할 경우 자신의 기회를 어떤 상황에서도 추진하고 활용하려는 힘이 부족해 발전할 수가 없다.

때때로 현명한 사람은 자신의 기회를 스스로 만들기도 한다. 그러나 그러한 능력이 있는 사람도 그때의 상황과 시기가 정확하게 맞아 떨어졌을 때에만 가능하다.

그리고 기회란 자신의 목표 안에서 주어지는 것이다. 무엇이 되고자 노력하는 와중에 그런 기회가 오는 것이다. 다시 말해 자신에게 주어진 목표를 향해 열심히 노력하는 사람에게 그런 기회가 온다. 아무런 노력도 하지 않는 사람에게도 공평하게 기회가 주어지는 것은 아니라는 의미다.

결국 기회란 잡았다고 해서 그것이 꼭 완벽한 행운으로 이어지지는 않는다. 자신이 포착한 기회를 어떻게 이용하는가에 따라 달라지기 때문이다.

우리 주위에는 기회를 엿보고 있는 사람이 많다. 자신의 능력을 갖추고 차분히 노력을 하면서 그 기회가 주어지기만을 기다리는 사람들이다. 이런 사람들에게는 언젠가 기회가 찾아오기 마련이다. 왜냐하면 그만한 능력이 있기 때문이다.

기회란 목표를 향해 꾸준히 노력하는 사람에게 주어지는 신의 선물이다. 기회를 포착해 그것을 활용하는 것은 능력과 비례하기 때문이다. 따라서 기회가 왔을 때 과감하게 선택하여 활용하는 능력이 필요하다. 그렇다면 기회에 대한 설명은 간단하다. 자신에게 주어진 기회를 자기 것으로 만들기 위해서는 능력과 좋은 습관이 있어야 한다. 그러면 능력과 습관은 어디서 나오는 것일까. 평소에 긍정적이고 발전지향적인 좋은 습관을 익혀야 한다. 그렇게 열심히 배우고 준비한 사람만이 진정 기회를 얻는 것이다. ✤

02

잘 되리라고 확신하는 습관

잘 되리라고 확신하고 노력하는 좋은 습관이 성공의 새로운 문을 열 수 있다

'전혀 운이 없었어', '오늘은 정말 운이 나쁜 날인가 봐', '난 어째서 이렇게 재수가 없는 걸까' 라고 항상 투덜거리기만 하는 사람이 있다.

그러나 운이 나쁜 것은 자기 자신에게 문제가 있기 때문이다.

듀크 대학의 심리학자인 라인 박사는 '당신이 받아들이는 운은 당신 스스로 결정짓는 것이다.' 라고 설명하고 있다.

우리들은 모두 스스로가 자신의 운명을 만들고 있다는 의미이다. 사람이라면 누구를 불문하고 불운을 바랄 리는 없다. 이것은 지극히 당연한 일이다.

그렇다면 이제부터 어떻게 해서 당신 스스로가 불운을 불러들이고 있는지 살펴보자.

당연히 우리들은 의식적으로는 불운을 바라지 않는다. 그러나 우리들은 잘못된 생각이나 행동으로 무의식적으로 불운을 불러들이는 일이 종종 있다.

행운이나 불운은 스스로 결정짓는 것이다. 그렇다면 행운을 불러들이기 위해서는 어떻게 해야 할까.

무엇보다 중요한 것은 어떤 일을 시작할 때 나쁜 결과를 먼저 상상하지 말아야 한다는 점이다. 오히려 멋지게 성공한 모습을 자신 있게 마음속에 그려보는 것이 현명하다.

현실적으로 그다지 좋지 못한 상황일지라도 '이것은 나를 위해 좋은 일이 벌어질 징조다.'라고 믿고 대응하도록 한다. 다시 말해서 어떠한 경우라도 결단코 불운이라고 인정해 버려서는 안 된다는 말이다.

그리고 더욱더 중요한 것은 행동이다. 행운을 불러들이기 위해서는 최선을 다해 행동으로 옮기는 것이 중요하다. 구하면 얻을 수 있다는 말을 사람들은 잘못 해석하고 선반 위의 떡이 떨어지기만을 기다리고 있다. 그러나 선반 위의 떡은 저절로 떨어지지 않는다.

희망하고 얻고자 하는 결과는 건너편의 산과 같은 것이다. 저쪽에서는 기다리고 이쪽에서는 틀림없이 찾아갈 수 있는 것이다. 그러므로 길을 찾아 올라가야 한다. 단단히 마음을 먹고 떠난 사람들은 모두 산에 도달하고 있다.

누군가 나를 데리러 올 것이라고 생각하고 게으름을 피우면 결코 산을 정복할 수 없다. 걸핏하면 자신만 불운하다고 말하는 사람은 자신의 노력 여하는 생각지도 않고 자신의 신세만을 한탄하는 선반 위의 떡이 떨어지기만을 기다리는 사람에 지나지 않는다.

스스로 원하고 노력하지 않으면 결코 아무것도 주어지지 않는다. 원하는 것을 얻기 위해서는 인내하며 노력해야 한다. 산은 올라가는 자에게만 정복되는 것임을 기억하라. ❋

03...

당근과 채찍을 조율하는 습관

말이든 사람이든 당근과 채찍을 쥐고 있는 존재와 밀접하게 연관되어 있다

현명한 사람은 당근과 채찍을 적절히 사용할 줄 알아야 한다.

말은 동물 가운데 매우 영리하고 온순하다. 하지만 낯선 사람의 눈빛과 행동 앞에서는 사나워지는 습성이 있다. 고삐를 세게 잡아 끌어도 반항하며 달아나기도 한다. 이럴 때 당근을 주면 일단 얌전해지지만 시간이 지나면 다시 사나운 모습으로 변한다. 왜냐하면 그렇게 해야 또 당근을 먹을 수 있다는 것을 이미 알기 때문이다.

천리마는 한 시간에 160㎞ 이상을 달리는 경이로운 능력을 가지고 있다. 그러나 이처럼 우수한 준마도 기수의 채찍질이 있어야 제대로 능력을 발휘할 수 있다. 이처럼 쏜살같이 달리는 준마도 지속적인 격려와 채찍질이 없으면 점점 게을러져 속도가 줄어든다. "걸음을 멈춘 천리마는 천천히 걷는 늙은 말만 못하다."라는 말처럼, 바람처럼 달리는 천리마도 일단 게으름을 피우기 시작하면 천천히 걷는 늙은 말보다도 목적지에 늦게 도착할 것이다.

현명한 사람일수록 당근과 채찍을 적절하게 사용할 줄 안다. 그

러나 채찍을 들지 않고 계속 당근만을 주는 것은 바람직하지 못하다. 반대로 당근 없이 채찍만을 휘두르는 것은 더더욱 곤란하다.

기업의 경우 당근과 채찍은 바로 상과 벌이다. 상벌을 얼마나 적절하게 활용하느냐에 따라 기업의 전망도 달라진다. 당근만을 보장해주는 기업은 실적은 오를지 모르지만 인간관계가 무너질 수 있다. 오로지 자신의 업무실적만을 우선으로 여기다 보면 이기주의가 팀 내의 불화를 불러일으키고 동료들 간의 살벌한 경쟁만 난무하게 되어 팀내에 살벌한 분위기를 초래할 수 있다.

그렇다고 사사건건 제동을 걸고 책임을 추궁하는 채찍만으로 기업을 경영할 수는 없다. 지나친 책임추궁과 실적에 대한 평가는 조직원들의 가능성을 억누르게 된다. 다양한 아이디어와 팀 간의 화합으로 얼마든지 해결할 수 있는 문제도 조급하게 처리하게 된다. 당장 날아들지도 모르는 채찍 때문에 온갖 스트레스 속에서 표류하는 결과만 낳게 되는 것이다.

옛날 신하 한 사람이 왕에게 간청을 했다. 포상하는 것은 누구나 좋아하는 일이니 왕이 직접 해도 상관없지만, 벌을 내리고 처형하는 것은 싫어하는 일이니 자신에게 맡겨달라는 것이다. 궂은일을 도맡겠다는 신하의 말이 그럴 듯해서 왕은 처벌할 수 있는 권한을 그에게 일임했다. 그런데 그 후 모든 사람들이 그 신하를 두려워하며 서서히 복종하기 시작했다. 얼마 후 절대 권력을 손에 쥔 신하는 왕을 죽이고 정권까지 장악했다.

중요한 것은 상벌을 적절하게 사용하는 현명함이다. 또한 그 권한을 다른 사람에게 맡기지 말고 스스로 쥐고 있는 것이 좋다. 말이든 사람이든 당근과 채찍을 쥐고 있는 존재와 밀접하게 연관되어 있기 때문이다. ✢

04

인생의 과정을 즐기는 습관

인생의 과정은 생산의 괴로움이다. 그것이 기쁨이요 즐거움이다

"백화점을 경영하면서 가장 큰 즐거움은 고객이 매장을 나갈 때
입니다. 좋은 상품을 샀다는 즐거움이 그 손님의 뒷모습이나 걸음
걸이에서 느껴질 때처럼 기쁘고 즐거울 때가 없습니다."

백화점을 경영하는 고바야시 사장의 이야기이다.

여성복 디자이너 요시 야마모토는 이렇게 말한다.

"완성된 제품을 바라볼 때도 희열을 느끼지만, 옷을 한땀한땀
만들어 나갈 때가 더욱 즐겁습니다."

테니스 선수 아키코는 이렇게 말하고 있다.

"백색의 줄이 그어져 있는 코트에 서기만 해도 즐거워요. 테니
스볼이 라켓에 부딪치면 그 느낌이 팔에 전달됩니다. 그 느낌은
뭐라고 표현할 수 없을 만큼 상쾌한 기분입니다."

인생은 과정에 있다. 만일 결과에서만 인생이 있고 인생의 기쁨
은 결과만이라고 한다면 어떠한가. 결혼했을 때, 아기가 출생했을

때, 내 아이가 학교에 입학했을 때, 집을 샀을 때, 자동차를 구입했을 때, 지위가 올랐을 때, 돈을 벌었을 때 등등 이러한 때만이 인생의 기쁨이고 행복이라면 일생 동안에 우리가 느끼는 행복은 손을 꼽을 정도로 아주 적을 것이다. 어쩌면 한 번도 행복이라는 것을 경험하지 못한 채 죽는 사람도 있을지 모른다.

화가가 자신의 작품이 상을 받고 찬사를 받는다고 해서 그가 진정 화가로서 행복할 것인가. 물론 상을 받고 그로 인해 찬사가 쏟아지는 것은 기쁜 일이다. 하지만 그런 결과보다도 중요하고 가치 있는 것은 그가 즐겁고 보람 있게 그림을 그렸던 과정인 것이다.

이것이 바로 삼매지경에 빠져 그림을 그릴 때 느끼는 화가로서의 최고의 즐거움이리라.

'그곳에 산이 있으니 오른다.'는 말은 정녕 새겨둘만한 의미심장한 말이다. 등산가들은 산의 영기에 매혹되어 참을 수 없는 충동에 이끌려서 산을 오른다.

그들의 기쁨은 정상을 정복했을 때만 있을까? 그렇지는 않을 것이다.

그들은 등반을 하며 계곡을 지나고 절벽을 오르고 폭포를 건넌다. 겨울에는 눈으로 덮인 산길을 밟으며 참맛을 만끽한다. 정상을 향해 건너고 오르고 조심스레 밟아가는 자체가 그들에게는 기쁨이고 즐거움인 것이다.

한 남녀가 있었다. 서로 사랑하여 결혼을 결심했다. 기쁘다. 즐겁다…. 이런 영화는 누구도 봐주지 않는다. 삼각관계가 생기는가 하면 부모의 반대에 부딪히기도 하고 우여곡절이 있음으로써 영화에 재미와 감동이 더해지는 것이다. 해피 엔드가 되든지 안 되든지가 문제가 아니라, 관객은 그 과정이 재미있어서 영화를 보는 것이다. 라스트 신만이 영화라면 두 시간까지 허비할 필요 없이 종료시간 직전에 가서 보면 될 것이다.

세상에는 우연찮게 로또와 같은 결과를 내고 횡재에 날뛰듯이 기뻐하는 사람이 있다. 그러나 이 얼마나 가볍고 진지하지 못한 행동인가. 인생의 참맛인 과정의 즐거움과 기쁨을 느끼지 못한 채 뭐가 좋으냐고 반문하고 싶다.

인생의 과정이라는 것은 생산의 괴로움이다. 그것이 기쁨이요 즐거움이다. 결과만을 목적으로 숨 쉬지 않고 달려간다면 소중한 삶이 너무 가치 없지 않은가. 지금 자신의 아침부터 밤까지의 시간들을 되짚어보라.

결과만을 위해 달려가는 인생이 전부이고 다른 방법은 없단 말인가. 이대로 전진하고 달려가다 보면 인생의 종말을 목격하게 될지도 모른다. ❀

05..

작은인연도 소중히 여기는 습관

소매를 스친 정도의 작은 인연도 소중히 하라

소인(少人)은 인연을 맺어도 인연인지 모르고
범인(凡人)은 인연인 줄은 알지만 인연을 살리지 못하며
대인(大人)은 소매를 스치는 작은 인연도 살리느니라.

무술에 남다르게 뛰어났던 어느 무인의 글이다. 검술의 달인임
은 말할 나위도 없고, 인간학에도 통달해 있던 그의 면모를 엿볼
수 있다. 이 말의 의미는 한마디로 소매를 스치는 사소한 만남까
지도 소중히 여기는 것이 중요하다는 것이다. 인맥이 무엇보다 소
중한 재산임을 강조하고 있다.

돈 떨어지면 친구도 떨어진다는 이야기가 있다. 돈이나 권력을
목표로 사귀는 사람들을 빗대는 말이라고 생각한다.

물론 돈은 귀중한 자산이다. 그러나 이 세상은 돈으로 살 수 없
는 인간의 가치가 있는 법이다. 인간의 가치가 돈 만으로 정해질
수 있다면 예금통장의 잔액으로 정하면 될 것이다. 그러나 그런

일은 삶에 있어 지극히 마이너스적인 발상이다.

돈이 전부가 아님은 모든 사람이 알고 있다. 그렇다면 인간의 가치는 대체 무엇으로 기준을 정하면 되는 것일까?

인간의 가치란 그 사람의 인격이라 생각된다. 견해에 따라서는 그 사람의 인격은 돈 이상의 가치를 낳는다. 그 인격에 사람들이 모이고, 돈마저도 모이게 되기 때문이다. 그 사람이라면 정말 틀림없다고 믿게 하는 매력이야말로 인간이 지닐 수 있는 진정한 가치라고 생각한다.

'세 사람이 길을 가면 반드시 스승이 있다.' 고 공자는 가르쳤다. 세 사람이 더불어 여행을 하면 나 외에는 모두가 스승이라는 것을 깨닫게 하는 글이다. 같은 동반자인 두 사람으로부터 배울 수 있는 점이 많기 때문일 것이다. 인생의 행로에 있어서 자신의 스승으로 받들만한 사람은 도처에서 찾을 수 있다. 단지 그것을 스스로 깨닫지 못하기 때문에 자신에게는 스승이 없다고 속단하는 것뿐이다.

마음을 겸허하게 가지고 주변의 말에 귀를 기울여보라. 소매를 스친 정도의 작은 인연도 소중히 하라. 스승은 도처에 널려 있다. ✤

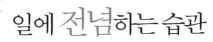

06...

일에 전념하는 습관

자신이 그 분야에 최고가 되리라는
확신이 있다면 그 흥미는 극에 달할 것이다

'자신의 부족한 점을 인식하는 것이 노련해지는 길의 초석이 된다. 모든 일은 부족한 시점에서부터 출발하여 점차적으로 노련해지는 것이기 때문이다.'

이 말은 옛날뿐만 아니라 현대를 살아가는 모든 사람에게 그대로 적용되는 말이기도 하다.

'처음 얼마 동안은 서툴겠지만 그것에 계속 몰두하면 몰두할수록 차츰 숙달된다.' 고 해석할 수도 있겠다. 더 나아가서 이 말에는 흥미라든가 관심, 의욕 따위는 그 일에 몰두하여 있을 때 자연스럽게 솟아나는 것이지 그 전부터 느껴지는 것은 절대로 아니라는 의미도 함축하고 있다.

예를 들어, 골프를 시작하면 정말로 재미가 붙는 것은 9홀을 50타 정도로 끝내는 때라고 한다. 다시 말해 골프를 치기 시작한 지 몇 년이 흘러 골프라는 것을 어느 정도 알고 자신이 생겼을 때부터라는 뜻이다.

50타로 끝내게 되어서 '나도 꽤 능숙해졌는데!' 하고 우쭐대기라도 하면 그 다음은 제자리걸음을 하기 일쑤다, 더이상 실력이 향상되지 않는다.

이것은 골프에만 국한된 이야기가 아니다. 모든 스포츠에서도 마찬가지다. 스포츠뿐만 아니라 바둑이나 장기 또는 일이나 사업 같은 승패를 겨루는 것이나, 여러 가지 배움이나 훈련에도 적용이 된다.

일도 이와 마찬가지다. 열중하면 열중할수록 흥미로워지는 것이 일이다. 하기 전부터 흥미를 느끼는 것이 아니라 열심히 일에 몰두함으로써 흥미를 느끼게 되는 것이라 생각한다. 또 자신이 그 분야에 최고가 되리라는 확신이 있다면 그 흥미는 극에 달할 것이다.

그런데 현재의 우리는 무엇인가가 결여된 듯한 마음속의 공허함을 느끼며 살아가는 것같이 느껴진다. 일을 하지 않으면 살아갈 수 없으므로 회사에 다니고 있다. 물론 그것은 삶의 문제를 해결하기 위한 당연한 일일지도 모른다. 그러나 아무런 흥미도 느끼지 못하여 마지못해 일을 하는 사람들이 뜻밖에 우리의 주변에 많음을 알 수 있다. 그것이 바로 문제인 것이다.

일이든, 놀이든, 공부든 거기에 몰입할 때 진정한 즐거움을 느낄 수 있는 것이다. ✽

07

친절을 베푸는 습관

위대한 사람은 위대한 사람으로 인정하고
그 성공을 솔직하게 칭찬해 줄 수 있어야 한다

친절(親切)이란 글자는 어째서 '친(親)을 끊는다(切)'고 쓰는 것
일까.

뜻을 살펴보면 '성의껏(切) 잘 대한다(親)'고 해석하는 것이 옳은
표현임을 알 수 있다. 사람들에게 성의껏 잘 대하기 위해서는 말
이 필요하다. 친절은 말로 할 수 있는 것이다. 다른 사람이 낙심하
여 의기소침해 있을 때, 기운을 돋워 주는 말을 건네는 것이야말
로 진정한 의미의 친절이 아닐까.

나는 가지고 있는 재산이 없어서 남에게 친절을 베풀만한 여유
가 없다고 생각하는 사람을 종종 보게 된다. 이것은 잘못된 생각
이다. 너무 돈이나 물질에만 구애된 나머지 잘못된 판단을 하고
있는 것이다. 인간은 가진 것이 없을 때 남으로부터 계속 돈이나
물질을 받게 되면 그것을 바라는 버릇이 생겨 오히려 의지하는 습
관만 만들기 쉽다.

친절한 말을 가리켜 석가는 '애어시(愛語施)'라고 가르치고 있

다. '무재칠시(無財七施)' 중의 하나이기도 하다.

무재, 즉 '돈이나 재물이 아닌 선한 말로 남을 대하라.' 고 가르치고 있는 것이다. 선한 말을 하게 되면 그 말에 의하여 자기 자신도 선하게 변화되어 가게 마련이다.

우리들은 곤경에 처해 있는 사람이나 나약한 사람에게는 친절을 베푼다. 그렇다면 강자나 많은 것을 누리고 있는 사람에 대해서는 어떠한가. 그러한 사람에게도 친절하게 대하고 있는가. 우리는 강자에 대해서는 비난하고 싶은 습성이 있다. 한창 번영을 누리거나 성공 궤도를 달리는 사람에게서는 단점을 찾아 추궁하거나 악담을 하고 싶은 경향이 있다.

자신의 상사나 높은 지위에 있는 사람에게 친절하게 하는 것을 비위나 맞추는 것이라고 오해하고 있지는 않은가.

힘없는 사람이나 성공한 사람, 자신의 상사, 탄탄대로를 걷고 있는 사람 등 누구에게나 평등하게 친절을 베풀 수 있어야 한다. 약자나 곤경에 처해 있는 사람에게만 편중하여 친절을 베풀기 때문에 약자만이 자신의 주변에 몰리게 되는 것이다. 이것이 '유유상종의 법칙' 이다.

이러한 상황에서는 자신의 발전을 기대하기가 어렵다. 위대한 사람은 위대한 사람으로 인정하고 그 성공을 솔직하게 칭찬해 줄 수 있어야 한다. 그러한 마음가짐이 자신을 크게 만들어 주기 때문이다.

자신이 성공하고자 마음을 먹는다면 약자에게도 강자에게도 한결같이 친절을 베풀라. 그것이 진정한 친절이다. ⚜

08

자신을 발견하고
훈련시키는 습관

성공으로 이끌어 줄 에너지를 발견하는 중심축은 바로 자기 자신이다

우리가 그토록 갈망하고 누구나 한 번쯤 품어봤을 성공이란 무엇인가? 성공이라는 단어를 떠올릴 때 가장 먼저 연상되는 것이 무엇인가? 지금 하고 있는 일과 자리에서 정상에 오르는 것일까, 아니면 헤아릴 수조차 없는 부를 얻는 것일까, 혹은 타임지 표지를 장식하거나 국제적인 명성을 쌓는 것일까.

성공을 한마디로 정의할 수 없는 이유는 개개인마다 가치가 다르기 때문이다. 그러나 우리가 분명하게 깨달아야 하는 것은 성공에는 높낮이가 없다는 것이다. 아프리카 오지에서 박애와 평화를 위해 봉사하는 사람이 타임지 표지에 실린 유명인사보다 가치가 떨어지는 삶을 산다고 볼 수 없기 때문이다. 어떤 사람이 부자가 되고 정치가로 권력을 잡고 이름을 드높인다고 해서 그들을 바라보는 더 많은 사람들이 실패자일 수는 없다.

자신이 의미를 부여하고 가치관으로 정립시킨 길은 성공으로 통하는 길목인 것이다. 목표로 하는 것이 물질적이든 정신적이든 상관없다. 역사적으로 남을 숭고한 정신적 산물이든, 한 시대를 풍미하는 대중적인 결과이든 모두가 소중하다. 명예라서 빛을 발하고 실리적이라서 매도당할 수도 없다. 개인이 품은 목표와 그에 따른 성공의 가치는 그것만으로도 소중하기 때문이다.

결론적으로 자신의 삶을 성공적으로 이끌기 위해서는 단 한 사람이 필요하다. 성공으로 이끌어 줄 에너지를 발견하는 중심축은 바로 자기 자신이다. 자신을 먼저 발견하고 훈련시키는 것이 성공을 위한 밑거름이다. 또한 그로 인해 의미를 찾고 목표를 정한다면 누구나 성취감을 맛볼 수 있다.

행여 자신의 미래에 대한 확실한 비전이나 성공 목표를 찾지 못했다면 몇 가지 질문을 스스로에게 던져보는 것도 좋다. 우선 '내 삶의 목적은 과연 무엇일까?' 라는 큰 질문을 던지고 보다 구체적인 사항으로 접근해 가는 방법이다. '앞으로 어떤 일이 일어났으면 좋을까?', '나는 어떤 분야에서 만족과 즐거움을 찾을 수 있을까?' 라는 문제를 제시하는 것이다. 그리고 '지금 현실에 닥친 문제는 무엇이며 어떻게 해결할까?' 라는 당면한 문제에 대한 해결책을 모색하는 과정이다. 문제를 해결해 가는 과정에서 성취감과 즐거움을 얻고, 그로 인해 최종적인 자신의 꿈을 구축할 수 있는 방법이 될 수 있다.

이 세상에는 세 가지 유형의 사람이 있다.

첫째, must의 사람. 자신이 해야 할 일을 하고 한평생을 마치는 사람이다.

둘째, can의 사람. 자신이 할 수 있는 일을 하고 한평생을 마치는 사람이다.

셋째, want의 사람. 자신이 해야 할 일을 잊어버리고 할 수 있느냐 없느냐는 신경 쓰지 않고 자신이 하고 싶은 일만 하면서 한평생을 마치는 사람이다.

세상은 불공평한 것일지도 모른다. 자신이 하고 싶은 일을 하는 사람이 가장 행복하고, 성공에 빨리 다가갈 수 있으니 말이다. ✽

09

상대방의 장점을
칭찬해주는 습관

본인이 미처 눈치 채지 못한 점을 꼬집어 칭찬해주는 것으로
인간관계를 좋게 할 수 있다

꽃향기는 바람에 거슬러 흐르지 못한다. 그러나 착한 사람에 대한 칭찬은 바람을 거슬러 온 세상에 흘러 전해진다.

법구경에 나오는 말이다.

칭찬! 실로 이것만큼 아름다운 것은 세상에 없다. 연애, 사업, 예술, 일 그 외의 모든 미덕도 결국은 이 아름다운 말을 듣기 위해 존재한다.

인간은 누구나 타인에게 칭찬을 받으면 기뻐하게 된다. 이런 기쁜 감정이란 도대체 어떤 것일까. 한 심리학자의 말에 따르면 이 기쁜 감정을 둘로 나눌 수 있다고 한다.

하나는 자기 확인의 칭찬이라고 한다. 이것은 이미 스스로도 인정하고 있는 자신의 장점을 칭찬받은 경우를 가리킨다. 예를 들면 키가 늘씬하게 커서 멋있다든가, 잘생겼다든가, 미인이라든가, 붙임성이 있다든가 등등이다. 다시 말해 지금까지 여러 사람들로부

터 많이 들어온 이야기로 자신도 잘 알고 있는 장점이다.

또 하나는 자기 확대의 칭찬이다. 이것은 지금까지의 자신이 전혀 깨닫지 못한 점을 타인으로부터 칭찬을 받는 경우이다. 그 예로 눈매가 대단히 예리하다든가, 목소리가 예쁘다든가, 일처리 능력이 굉장히 빠르다든가 등이다.

자기 확인의 칭찬과 자기 확대의 칭찬을 비교하면 단연 후자의 경우가 기쁨이 더 클 것이다.

자신이 미처 몰랐던 점을 칭찬받게 되면 깜짝 놀라게 된다. 또한 그것에 의하여 자기 존재가 확대되었기 때문에 기분이 좋아지는 것은 당연하다.

자신이 미처 몰랐던 업무상의 장점을 칭찬받을 때 더욱더 열심히 하고자 하는 의욕이 솟구치게 된다. 칭찬받는 쪽도 어느 정도는 아부가 섞인 말이라는 것은 알면서도 상대가 그것을 인정해 주는 사실에 아주 기뻐한다.

이처럼 본인이 미처 눈치채지 못한 점을 꼬집어 칭찬해 주는 것으로 인간관계를 좋게 할 수 있다.

인간관계를 좋게 해주는 다섯 가지 황금의 말이 있다.

1. 감사의 말

　'바쁘신데 정말 감사합니다.' '수고했어요.'

2. 상담의 말

　'젊은 자네의 의견을 듣고 싶군. 자네는 어떻게 생각하는가.'

3. 기대와 격려의 말

　'자네에게 거는 기대가 크네. 열심히 해 보게.'

4. 신뢰의 말

　'자네라면 반드시 할 수 있어.'

5. 칭찬의 말

　'잘했어.' ⚜

10...

뜻을 세우는 습관

단순한 목표달성보다는 뜻을 세워 가는 것이 인생을 훨씬 더 즐겁게 사는 방법이다

'두 번째 해의 징크스' 라는 것이 스포츠 세계에 있다. 첫해에 활약한 신인에게 온갖 관심과 기대가 쏠리지만 막상 두 번째 시즌에는 성적이 너무 부진해 실망만 안겨 준다는 것이다.

이런 현상이 일어나는 데는 몇 가지 이유가 있다. 우선 첫해에 달성한 좋은 성적은 우연일 수 있다는 것이다. 또한 첫해에 너무 잘한 탓에 상대를 얕잡아 본 결과일 수도 있다. 그런데 단순히 우연일 경우는 그 뒤로도 계속 성적이 나쁠 때이다. 그보다는 우월감에 젖은 탓에 징크스가 나타나는 일이 더 많다.

첫해에 눈부신 활약을 한 선수는 자신을 상대할 대상이 없다고 믿고 연습을 게을리하게 된다. 쉽게 말해서 노력을 하지 않고 안일함에 빠지는 것이다. 반면에 상대방은 그를 따라잡기 위해 분석하고 최선을 다해 연습한다. 그런 상대보다 더 노력해야 하는 신인은 그러나 자신을 잃어버린 탓에 좋은 성적을 낼 수 없게 된다.

그런데 현실에서의 진정한 실력자에게는 두 번째 해의 징크스는 쉽게 찾아볼 수 없다. 그들은 자신이 속한 분야에서 대충 실적을 올리거나 안주하는 정도로 만족하지 않기 때문이다.

그들이 계속 발전하고 성장하는 이유는 '뜻'이 있기 때문이다. 그들의 목표는 대충하면 된다는 것이 아니라 더욱 뛰어난 최고가 되는 것이다. 자기만족과 더불어 모두가 인정할 수 있는 수준에 도달하고 싶어 한다. 어떠한 실적을 이루겠다는 목표보다는 항상 자신을 현재보다 높은 수준으로 끌어올리려는 '뜻'을 잃지 않는다.

스포츠뿐만 아니라 어떤 분야이든지 뜻이 없으면 공허해진다. 뜻이 없으면 대학을 나오고 취직을 하고 결혼을 해서 현재의 목표는 이루고 있지만 늘 허전함에 시달리게 된다. 목표달성을 더욱 가치 있게 꾸며 주는 뜻이 결여되었기 때문이다.

어떤 상황이든 뜻만 있으면 인생을 보다 즐겁게 누릴 수 있다. ✤

11..

꾸준히 자기계발을 하는 습관

평소에 자신을 발전시킬 수 있는 모든 소프트웨어에 적극적으로 눈을 열어야 한다

입사를 할 때 역시 단연 돋보이는 실력으로 주목을 받는 사람이 있다. 모두 그에게 관심을 보이고 특히 윗사람들은 많은 기대로 지켜보기 시작한다.

다행히 기대에 어긋나지 않고 탁월한 업무능력을 발휘하고 실력을 인정받아 승승장구하며 실적을 올리며 갈채가 쏟아진다면 만족스러운 직장생활이 될 것이다. 하지만 문제는 그 반대의 경우이다. 우수한 성적으로 입사를 한 엘리트 가운데는 정반대의 길로 들어서는 경우도 있다. 지나친 주목과 관심 혹은 자만 때문에 스스로를 채찍질하고 트레이닝 하는 것을 게을리한 결과이다. 자기계발은 끝이 없고 조금만 정체해도 다른 사람들에게 추월을 당한다는 것을 망각한 결과이다.

자기계발은 성공을 위한 끊임없는 투자이다. 자신의 성장을 위해 필요한 것이 있으면 아낌없이 투자해야 한다. 자신이 하고 있는 업무나 사업에 필요한 아이디어를 얻을 수 있고 회사 업무에

반영할 수 있는 분야의 일이 있다면 점심시간을 아껴서라도 달려가야 한다.

물론 성급한 행동보다는 사전에 철저한 준비와 조사를 하고 정말 자신에게 유용한지 먼저 살펴봐야 한다. 그렇게 철저하게 그리고 묵묵히 자신을 준비해가면 언젠가는 빛을 보게 된다. 업무에 필요한 아이디어를 제시하고 난관에 봉착한 문제들을 해결할 수 있는 유능한 존재가 반드시 될 것이다.

회사에서 필요한 인재는 시도 때도 없이 분주하게 앞만 보며 달리는 경주마 같은 존재가 아니다. 정말 필요로 하는 것은 문제 해결의 핵심을 정확히 짚어내 풀 수 있는 결정적 역할을 하는 존재이다. 그러자면 성급함을 버리고 평소 자신을 발전시킬 수 있는 모든 소프트웨어에 적극적으로 눈을 열어야 한다. ❀

12...

공동체의식을 갖는 습관

갈대를 보면 어떤 생각이 드는가.

작은 바람에도 힘없이 흔들리는 가벼움이 떠오를 수도 있다. 혹은 쉽게 뽑히는 나약한 존재일 수도 있다. 하지만 여러 개의 갈대들을 서로 묶어 두면 상황은 다르다. 세찬 바람이 몰아쳐도 요지부동의 꼿꼿함으로 쓰러지지 않는다. 또한 쉽게 뽑히지도 않는 강한 존재로 탈바꿈한다.

외롭고 나약한 모습으로 서 있는 나에게 누군가 곁에서 의지가 되어 주면 결코 쓰러지지 않는다. 또한 나 역시 누군가의 버팀목이 되어 주기 때문에 '우리' 라는 힘으로 변할 수 있는 것이다.

나 혼자가 아닌 우리라는 힘으로 살아가는 것이 공동체의 삶이다. 더불어 산다는 것은 우리의 미덕이며 든든한 울타리인 셈이다.

피아노 독주를 듣고 있자면 아름다운 선율에 매료되어 저절로 평온해지고 감흥에 젖게 된다. 바이올린 연주도 우리의 심금을 울리는 매력적인 소리를 전해 준다. 피아노와 바이올린은 물론 다른 여러 악기들이 모여 함께 연주를 하면 나름대로의 울림을 갖고 있는 소리들이 서로 어우러져 기대 이상의 감동을 안겨준다.

우리가 사는 세상살이도 이런 오케스트라와 같다. 물론 개개인마다 개성이 다르겠지만 서로가 보완하고 보탬이 된다면 더 크고 아름다운 화음을 만들어 낼 수 있다. 결국 우리가 공통된 관심을 나누고 힘을 모을 때만이 영혼은 더욱 풍요롭고 자유로워지는 것이다.

독불장군처럼 혼자 잘났다고 앞만 보며 달려온 사람에게는 외로운 황혼기 만이 기다릴 뿐이다. 반대로 조금은 부족하고 힘든 여정이었지만 늘 다른 사람들과 함께 한 삶이라면 늙어서도 외롭지 않다.

모든 현실을 초연하게 바라볼 수 있는 마음으로 살아야 한다. 나를 배신한 사람도 고통만을 안겨 준 사람도 필요한 존재이다. 어떤 형태로든 '나'를 스치는 모든 만남에서 많은 것들을 배울 수 있다.

황금 의자에 홀로 앉아 지는 해를 바라보는 사람보다는, 여러 사람들과 낡은 탁자에 둘러앉아 살아온 이야기들을 나누는 황혼이 더욱 아름답다. ✤

13

순리에 따르며 사는 습관

노력도 들이지 않고 무엇을 바란다는 것은
자연 속의 나를 부정하는 것이다

　자연의 순리는 우리가 탐독해야 할 훌륭한 교과서이다. 그래서 우리가 끊임없이 배우고 연구해야 할 대상이기도 하다. 그중에서도 대자연 속에 존재하는 상반되는 것들의 관계를 통해 하나의 진리를 찾아봐야 한다.

　남자가 있으면 반드시 여자가 존재한다. 또한 낮이 있으면 반드시 밤이 존재하며 불에는 물이 있다. 그리고 플러스와 마이너스, 원심력과 구심력 등 이루 헤아릴 수 없는 상반된 존재들이 공존한다.

　하지만 이 같은 상반된 것들이 상호간에 조화를 이루고 있다는 것에 우리는 주목해야 한다. 우리 인간의 지혜로는 도저히 미치지 못할 신비로운 섭리가 우주에는 존재하는 것이다.

　원인이 있으면 그에 따른 결과가 있는 법이다.

　이 인과의 법칙은 곧 베푸는 대로 돌아온다는 대자연의 섭리와도 같다. 쌀이 수확되려면 우선 모판에 볍씨를 뿌려 그것을 논에 심어야 한다. 거름을 주고 병충해를 방지하기 위한 정성과 손길이

닿아야지만 비로소 가을에 벼를 수확할 수 있다.

벼가 아무런 탈 없이 성장할 수 있도록 온갖 노력을 베푼 원인이 있었기 때문에 풍성한 수확을 기대할 수 있는 것이다.

우리들의 삶에서도 인과의 법칙은 적용된다. 우리가 돈을 쓰든 능력을 발휘하든 다른 사람들의 기쁨과 만족을 위해 소용될 때만이 진정한 가치가 있는 것이다. 대자연이 제공하는 공기는 무한하지만 우리에게 매우 소중하고 고마운 선물이다. 그런데 만약 모든 사람들이 공기를 호흡하기만 하고 내뿜지 않는다면 어떻게 되겠는가? 결국 인간뿐만 아니라 모든 생명체는 질식해 죽고 말 것이다.

자연의 순환에 역행했기 때문이다. 들이마신 공기를 내뿜어야 다시 새로운 산소를 마실 수가 있다. 신진대사가 왕성해야 만 우리는 생명을 유지해 갈 수 있다. 결국 지금 소유하고 있는 것을 주고 난 후에 다음의 것이 주어진다는 것이다.

기업의 경우 좋은 제품을 만들고 그에 따른 적당한 이익을 책정하여 판매하게 된다. 이는 당연한 일로 기업이 공급하는 제품이나 서비스의 공헌도에 따른 보수가 주어지는 것이다. 사회에 부여한 가치의 크기에 따라 이익의 정도로 결정되는 것이다.

무엇을 얻고자 한다면 그에 따른 투자와 노력 그리고 정성을 들여야 한다. 노력도 들이지 않고 무엇을 바란다는 것은 자연 속의 나를 부정하는 것이다. 아무런 정성도 없이 대가만을 기대하는 것은 성공과는 먼 자기후퇴만 부추기는 일이다. ❀

14...

애정으로 격려하는 습관

누군가의 마음을 움직일 수 있는 방법 가운데 하나가
격려라는 마음을 먼저 내미는 것이다

"얼마든지 할 수 있어! 그래, 바로 그거야!"

상대를 격려하고 칭찬하는 행위 속에는 그에 대한 관심과 애정
이 들어 있다. 단순한 부추김이 아닌 '힘내', '용기를 잃지 마',
'지금보다 더 잘할 수 있어' 라는 진실어린 마음이 내포되어 있는
것이다.

세계 복싱 챔피언을 무려 6명이나 배출한 유명한 트레이너 에
드워드 타운젠트는 격려와 칭찬으로 선수를 교육하고 훈련시킨
인물로 알려져 있다.

그가 택한 지도방법 속에는 사랑으로 가르친다는 마음이 가득
했다. 힘들어 하거나 좌절하는 선수에게 애정을 전하고 장점을 칭
찬하는 일을 잊지 않았다. 그는 격려를 통해 선수들의 장점을 키
워나간 것이다. 행여 선수가 시합에서 패한 날에는 밤늦도록 곁에
서 용기를 북돋아주는 일도 마다하지 않았다.

"선수가 시합에서 이겼을 때 저는 바로 집으로 갑니다. 하지만

졌을 때는 언제까지라도 선수 곁에 있어 줍니다. 그가 하는 이야기를 모두 들어 주기 위해서죠. 누구보다 가장 힘든 것은 바로 그 선수니까요."

애정이 담기지 않고서는 할 수 없는 행동이다.

열심히 일하는 직원에게 상사가 격려를 하면 분위기가 밝아지고 의욕마저 충만해진다. 반면 의기소침해진 부하 직원에게도 항상 격려를 보내야 한다. 언제나 그의 말을 들어주고 격려와 칭찬을 하다보면 마음을 움직일 수 있게 되기 때문이다.

일이 생각처럼 되지 않거나 풀이 죽어 무기력하게 보이면 화를 내고 싶을 때도 있다. 하지만 꾸짖고 화를 내는 것으로 상대방의 마음까지 움직일 수는 없다.

프로야구나 프로축구의 구단과 소속된 선수들은 팬들의 성원 속에서 살아가는 존재들이다. 팬들의 호의적인 성원은 곧 격려와 같기 때문이다. 선수들이 좋은 플레이를 펼치면 팬들은 한마음이 되어 응원을 아끼지 않는다.

구호를 외치고 북을 두드리는 등 서포터가 보내는 응원의 함성은 선수들에게 큰 격려가 된다. 그들은 좋아하는 구단이나 선수가 뛰어난 활약을 보이지 못할 때도 응원을 보내 선수들의 사기를 북돋아준다. 그러면 선수들은 의욕을 새롭게 다지고 다음 시합에서 좋은 성과를 내기도 한다.

에드워드 타운젠트는 "체육관 관장들은 잔소리가 너무 심하고 가르쳐 주지도 않고 화부터 내는 것은 좋지 않다."고 조언하기도 했다. 왜냐하면 권투 선수들 역시 사람이기 때문이라는 것이다.

격려란 상대의 용기나 의욕이 샘솟도록 해주는 일이다. 이는 라틴어 '심장'에서 나온 말로 '심장을 준다'는 뜻으로 통한다. 소중하고 따뜻한 심장을 상대에게 주는 의미 있는 행위이다.

부하 직원에게 고함만 지르고 화부터 내는 상사는 일시적인 눈앞의 성과는 이뤄낼 수 있다. 하지만 사람의 마음까지는 결코 움직일 수 없다.

상대의 마음을 갖고 싶다면 먼저 '격려'라는 자신의 따뜻한 마음을 주는 것이 우선이다. ✤

15

길은 반드시 있다고
생각하는 습관

길은 반드시 있다고 생각하는 긍정적인 사고방식이 필요하다

세계의 경제계 인사들 중 파란만장한 인생을 걸어온 사람을 들라고 한다면, 누구보다 먼저 일본 K그룹의 고이치를 꼽을 수 있을 것이다.

그는 수많은 사업을 일으켜 번영케 한 경영자로서 잘 알려져 있으며, 그가 개설한 경영 세미나에 많은 경영자들이 문을 두드린 것도 또한 유명하다.

K그룹은 창설하고부터 점점 두각을 드러냈고 탄탄대로를 나아가는 듯 보였다. 그러나 그 후 경영에서 커다란 실패를 맛보고 말았다. 고이치의 나이 60세가 지나서 일생일대의 커다란 위기가 찾아온 것이다. 사회에서 지탄의 대상이 된 그는 사람들의 상상을 훨씬 초월할 만큼 고뇌하였다.

인간은 괴로운 일을 당하면 아무래도 비관적인 견해 쪽으로 기울어지게 된다. '더 이상 피할 수 없다', '이제는 어쩔 도리가 없다'고 하는 자포자기에서 헤어나오지 못하는 사례가 우리 주위에

서 얼마든지 볼 수 있다.

고이치도 정말로 막다른 길에 처하게 되었다. 그러나 문득 '무일푼에서 시작한 몸이다. 이왕 이렇게 된 바에는 다시 시작해 보는 거다. 아직 내 모든 역량을 발휘한 것은 아니지 않은가.' 하고 달관하는 심정이 들었던 것이다. 그렇게 생각하자 별안간 그의 눈앞이 밝아지며 '길은 분명 있을 것이다.' 하고 분발하게 되었다.

'자신이 한 일은 아직 자신이 할 수 있는 일의 일부분에 지나지 않는다.' 이 말을 고이치는 마음속 깊이 명심하고 있었던 것이다. 이러한 긍정적 사고로 그는 다시 재기하게 되었다.

그가 사망하였을 때 그룹의 주식은 주식시장에서 가장 인기 있는 종목이 되어 있었다고 할 정도로 탄탄하게 성장해 있었다.

예수는 곤경에 처할 때일수록 기뻐하라고 가르치고 있다. 곤경에 처했을 때야말로 긍정적인 사고가 필요하다는 뜻일 것이다.

그렇다고 일부러 불필요한 고생을 자초할 것까지는 없다. 어차피 우리 네 인생이란 애초부터 행복이 하늘에서 떨어져 그것이 계속되는 것이 아니기 때문이다. 실패도 하고 고생도 하면서 행복하려고 노력하는 것이 인생이다.

병이 나야 건강의 고마움을 새삼 절감하게 마련이다. 인생에 있어서 행복도 그와 마찬가지라 여긴다. 하지만 똑같은 실패를 몇 번이고 되풀이한다는 것은 문제가 있는 것이다. 그것은 반성과 그에 따른 대책이 없기 때문이다. 반성이 없는 곳에 진보란 있을 수 없다. 그리고 또 한 가지 진보 발전을 위해 중요한 것이 있다. 바로 실패에 굴하지 않는 긍정적 사고방식이다.

고이치처럼 '길은 반드시 있다.'는 긍정적 사고방식으로 신념을 갖고 실패를 극복해 나가자. ❦

16...

하찮은 걱정에서 벗어나는 습관

슬플 때는 웃음으로, 걱정 앞에서는 낙관으로 대처하면
가고자 하는 길이 쉽게 열릴 수 있다

'쏟아진 물은 주워 담을 수 없다.'라는 속담이 있다. 쏟아진 물을 보고 놀라 재빨리 주워 담아도 원래대로는 되지 않는다. 한 번 일어난 일은 후회해도 소용없다는 뜻이다. 다시 잘해 보겠다고 생각하는 편이 났다. 속수무책으로 주저앉아 끙끙거리고 있는 것이 손해라는 뜻이다.

오늘 일은 바로 오늘 전력을 다해 해결하고 추진해야 한다. 그런데 어제의 일까지 고민한다면, 오늘을 위해 전력을 다할 수 없게 된다. 또한 내일의 일까지 서둘러 짊어진 채 고민하는 것도 바람직하지 못하다.

기우(杞憂)라는 말이 있다. 기인(杞人)의 우(憂)라고도 한다. 옛날 중국의 기 나라 사람이 매일 염려만 하고 있었다. '하늘이 떨어져 내리면 어떻게 할까? 땅이 무너지면 어떻게 할까?' 하고 오직 염려만 하고 창백한 얼굴을 하고 지냈다. 현실에 존재하지 않는 것을 과장해서 염려하는 것을 기 나라 사람이 염려하는 것으로, 쓸데없는 걱정이나 쓸모없는 노력을 기우라고 하는 것이다.

불필요한 걱정이나 노력은 결코 발전에 도움이 되지 못하는 시간낭비일 뿐이다. 불행이라는 것은 행복의 원천인 것이다. 불행을 행복의 징조라고 생각하고 밝은 기분으로 일에 종사하다 보면 반드시 길은 열릴 것이다.

어려운 문제들 앞에서 아무리 골몰해도 해결책이 떠오르지 않을 때는 때때로 문제점을 잠시 접어두고 머리가 깨끗해지면 다시 생각해 보는 것도 하나의 방법일 수 있다. 그러니까 어려운 문제가 생기면 당황하지 말고 차라리 좋은 인생 공부라고 생각하는 편이 낫다. 이 상황을 계기로 자신의 인생은 순탄하고 좋은 쪽으로 전개될 것이라고 생각하는 것이다. 그래서 매일매일 쓸데없는 걱정과 쓸모없는 노력에서 벗어나는 습관을 들여가야 한다. 그러다 보면 슬플 때는 웃음으로, 걱정 앞에서는 낙관으로 대처하게 되어 가고자 하는 길이 쉽게 열릴 수 있다. ✤

17...

전환점을 성공으로 매듭짓는 습관

인생의 전환점에서 슬기롭게 대처하는 것이 대단히 중요하다

스포츠 용품 세일즈를 하는 미야자와 씨는 약 일 년 전에 토목 회사 계통의 일을 했고, 그전에는 식품회사에서도 근무했었다. 물론 그 전에도 여러 직장을 옮겨 다녔다.

그는 다양한 직업을 경험한 사람이었다. 그러나 그렇게 수없이 전직을 하면서 경력도 쌓지 못하고 맺은 결실도 적었을 뿐더러 신뢰도 쌓지 못했다.

인생은 20년 마다 새로운 전환점이 찾아온다는 말이 있다. 여기서 각자 인생의 전환점에 대해 생각해 볼 필요가 있다.

학교를 졸업하고 회사에 들어간다면 이것이 첫 번째 전환점이다. 입사하여 3년쯤 지나면 회사의 업무와 모든 분위기에도 익숙해진다. 이때쯤 되면 지금 하고 있는 일은 아무래도 나에게 맞지 않는 것 같다는 식의 생각을 품기도 한다. 그래서 좀 더 자신에게 나을 것 같은 직업으로 전직하게 되는데 이것이 두 번째 전환점이다.

35세가 지나면 일에는 베테랑이 된다. 그러나 이 무렵이 되면

대체로 상사나 부하 직원과의 잦은 충돌이 생겨난다. 중견 간부를 목표로 부지런히 달려왔지만 회의에 봉착하게 된다. 그래서 전직을 결심하게 되는데 이것이 세 번째 전환점이다. 보통 전직은 35세 때까지만 하라고 한다.

그럼 이번에는 창업하여 성공한 사람들의 경우를 살펴보자.

20대에 창업하여 성공한 사람이 50퍼센트, 30대에 창업한 사람이 40퍼센트, 40대가 되어 창업하여 성공한 사람은 불과 10퍼센트라고 한다. 인생 전체로 보면 첫 번째 전환점은 20대라 하는 것이 이것으로 명확해진다. 20대에 우선 뜻을 세우고 나서 방향을 정하고 활동을 시작하라는 것이다.

20년마다 새로운 전환점이 찾아온다는 말대로라면 다음의 전환점은 40대가 될 것이다. 회사로 말하자면 과장이나 부장 정도의 직책을 맡고 있을 때이다. 그대로 정년을 맞이하는 사람도 있지만 더 노력하여 중역의 길을 걷는 사람도 있다.

일을 마치고 한 단락을 짓는 때가 60대이다. 인생의 세 번째 전환점이라 할 수 있다. 인간의 수명이 연장되었으므로 여기서 다시 한 번 새로운 꿈을 추구하게 된다.

이런 식으로 우리의 인생을 생각해 보면 전환점에서의 처신이 대단히 중요하다는 것을 잘 알 수 있다. 이 전환점을 어떻게 슬기롭게 대처하느냐가 중요한 관건이 되는 것이다. ❀

처세를 위해서는 백 마디의 말보다 하나의 좋은 습관이 중요하다는 말이 있다. 습관은 격언이 본능처럼 변하고 발전한 결과물이기 때문이다. 듣기 좋은 말들을 늘어놓기 보다는 믿음을 주는 웃음이 때로는 상대의 마음을 움직이게 한다.

4

좋은 습관을
지배하라

Power of habit

01...

후회하지 않는 삶을 사는 습관

실수는 성공으로 가기 위한 징검다리지만 후회는 어떤 가르침도 주지 않는다

많은 사람들은 오늘도 후회를 한다.

"만약 그 때 그런 일을 하지 않았더라면 지금 성공할 수도 있었는데."

공염불일 뿐이다.

"만약 그 때 좀 더 공부했더라면 좋은 직장을 잡아 편히 살 수 있었을 텐데."

정말로 아무 쓸모없는 후회일 뿐이다.

"만약 그 때 확실하게 매듭을 지었더라면 지금과 같은 상황은 벌어지지 않았을 텐데."

아무리 원해도 이 바람은 이루어지지 않는다.

우리는 이처럼 지난 일에 대해 수없이 후회를 한다. 그러나 후회는 세상에서 가장 큰 시간낭비일 뿐이다. 후회해서 얻어지는 것은 없으며 시간을 그만큼 낭비했다는 결과만 초래한다.

새장 속에 갇힌 새가 밤만 되면 울어 주위를 시끄럽게 했다. 마침 그 앞을 날아가던 다른 새가 다가와 왜 밤에만 우는지 물었다. 새장 속의 새는 낮에 울다가 사람들에게 잡혀 새장 속에 갇힌 뒤부터 밤에만 운다고 했다. 호기심에 날아든 새가 말했다.

"모든 게 이미 늦었어. 잡히기 전에 그런 결심을 했어야지. 넌 이미 새장 속에 갇혔잖아."

후회를 하는 사람들이 변명처럼 앞세우는 말이 '만약'이라는 말이다. 다시는 돌이킬 수 없는 후회 앞에서 혼란에 빠지거나 절망하는 것은 아무런 의미도 없다. 차라리 습관처럼 사용하는 '만약'이라는 말 대신 '다음에는'이라는 말로 교체하는 것은 어떨까? 다음에는 꼭 서두르지 말자. 다음에는 더 신중하게 하자. 다음에는 준비를 철저하게 해서 후회하는 일이 없도록 하자.

마술쇼는 끝이 났다. 마술사에게 물었다,

"정말 대단하군요. 어떻게 한 번도 실수를 하지 않습니까?"

"실수를 하지 않다니요. 천만에요. 저는 매번 성공하는 간단한 마술은 하지 않기 때문에 관객들 앞에서 실수없이 성공하는 건 아주 가끔 뿐이랍니다.

놀랍게도 마술사는 지금까지 계속 실수를 거듭했던 것이다. 마술사는 빙긋이 웃더니 이렇게 덧붙였다.

"다만 실수를 했을 때, 실수를 보이지 않게 하는 방법을 여러 가지 준비해 둘 따름이지요."

실수는 우리가 성공으로 가기 위해 필요한 징검다리다. 하지만 지난 일을 오래 가슴에 담아두거나 뼈아프게 되새기는 후회는 어떤 가르침도 주지 않는다.

불현 지난 일들이 후회된다면 주문처럼 '다음에는' 이라는 말을 꼭 기억하자. 후회는 훗날 그것을 되풀이하지 않으려고 결심할 때만 진실한 것이다. ❋

02

승부욕을 잠재우는 습관

승부에 집착하지 말라. 지나친 승부욕은 오히려 모든 것을 잃게 할 수 있다

도박이 초보인 사람은 다음에 나올 패에만 온 신경을 곤두세우게 된다. 하지만 프로는 그런 것에는 전혀 신경 쓰지 않는다. 이번 판을 이겨도 될지 지는 편이 좋을 지만 생각한다. 그래서 항상 이기는 것에만 집착하는 초보나 아마추어가 승운을 배분하고 있는 프로에게 이길 수 없는 것은 당연하다.

승부의 세계에는 전혀 머리를 사용하지 않고도 운수만으로 가능한 것, 운수와 함께 두뇌도 따라 주는 것, 운수보다는 거의 두뇌로만 이루어지는 것 등등 수많은 종류의 것들이 있다.

경마나 복권은 운의 지배가 클 것이며, 장기나 바둑은 실력이 지배할 것이다.

일반적으로 창의적인 연구를 하지 않아도 좋은 것은 그만큼 열매의 달콤함이 덜하다고 생각된다. 그래서 향상심으로 불타는 인간, 두뇌가 뛰어난 인간, 지적인 인간은 두뇌적인 오락을 즐기며, 경솔하고 요행을 바라는 인간일수록 운이 따르는 놀이를 즐기는

경향을 보인다.

하지만 운수에만 의존하는 놀이를 즐긴다 하더라도 거기에는 또한 그 나름의 법칙이 있다. 승부에 지나치게 집착하면 운도 따르지 않는다는 것이 바로 그것이다.

바둑의 경우를 예로 든다면 사지에 들어가 옥석은 물론이며 그 밖의 것까지도 과감히 버리는 것으로 승리를 거두게 되는 일이 많기 때문이다.

바둑이나 장기에는 승부수라는 것이 있다. 전세를 완전히 점친 것은 아니지만 이대로는 질 수 없다고 할 때 기사회생을 노려, 아니면 일대파란을 일으켜 국면을 타개하려고 전면승부를 걸게 되는 것이다.

이러한 승부수를 두는 순간이야말로 승부의 쾌재를 맛볼 수 있는 최상의 것이다. 인생도 마찬가지이다. 사업이건, 정치건, 교육이건 무사안일주의에서는 아무 것도 얻을 수 없다.

스포츠와 도박에서조차도 승부수가 있다. 인생에 있어서도 어느 순간 승부수를 던져야 한다. 이때 제대로 승부수를 던질 수 있는 용기와 도량을 갖고 있어야 한다. 집착을 버렸을 때만이 그것이 가능하며 성패의 열쇠도 바로 거기서 생겨나게 되는 것이다.

오락에서 생겨나는 짜릿한 쾌감이 어쩌면 생활을 기름지게 할 수 있는 활력소일 수도 있다. 그러나 지나치게 심취하면 벗을 잃고 직장을 잃게 되며 인간성을 송두리째 내보이게 되는 함정일 수 있음을 알아야만 한다. 매사 지나치면 스스로 나락의 구렁텅이로 자신을 몰아가는 결과가 될 뿐이다.

승부에 집착하지 말라. 지나친 승부욕은 오히려 모든 것을 잃게 할 수 있다. ✤

03...

작은 성공부터
만들어가는 습관

자그마한 성공을 거듭해 체험함으로써 실패의 회로를 상실시킨다

아무리 쾌활한 자라도 거듭 실패를 맛보게 되면 우울해진다.

어느 소설에 나오는 한 대목이다.

정말 아무리 쾌활하고 의욕이 넘치던 사람도 거듭되는 실패 앞에서는 자신감을 상실하게 되는데 그 이유가 무엇일까?

대뇌생리학의 권위자인 존 그레이 박사는 '지금까지의 다양한 실패 체험을 기록한 직접적인 회로가 그 사람의 대뇌 속에 가득 차 있기 때문이다.'라고 단언하고 있다.

이 나쁜 회로를 그대로 방치해 두는 한 자신감은 좀처럼 회복할 수 없게 된다는 것이 존 그레이 박사의 지론이다.

왜냐하면 과거와 흡사한 상황에 놓인 경우 이 직접적인 회로가 조건반사적으로 움직이게 되기 때문이다. 이것은 지금까지의 실패를 체험한 회로, 바로 그것이다. 다시 말해 실패로 이끄는 회로인 것이다.

좀 더 알기 쉽게 설명하면, 가령 어떤 모임에서 강연을 의뢰받은 사람이 있다 하자. 그런데 그 사람은 많은 대중 앞에 서는 것이 처음이었다. 그래서 잔뜩 긴장을 한 탓에 결국 대중들 앞에서 큰 수모를 당하고 말았다.

이런 실패에 대한 체험은 그 사람의 대뇌의 회로에 정확하게 기록이 된다. 그래서 또 다시 강연 의뢰를 받게 되면 순간 과거의 실패 체험 회로가 작용을 하게 된다. 그 결과 과거 수모를 당했던 순간이 떠올라 다시금 긴장을 해서 또 강연에 실패를 하게 되는 것이다. 이와 같은 일이 반복되다 보면 자신감을 완전히 상실할 수도 있다.

이런 실패 체험을 고쳐가는 하나의 방법으로 '오버로드의 원칙'이란 것이 있다. 이 훈련 방법은 서양 신화를 근거로 하고 있다.

요약하면 다음과 같다.

'한 남자가 매일 어린 송아지를 들어 올려 자신의 신체를 단련했다. 어린 송아지는 나날이 성장하여 조금씩 그 체중이 불어났다. 그래도 남자는 매일 어린 송아지를 들어올렸다. 그러는 동안 남자는 어느 사이엔가 장성한 소를 번쩍 들어 올릴 정도의 강한 힘의 소유자가 되어 있었다.'

자그마한 성공을 거듭해 체험함으로써 실패의 회로를 상실시킨다. 이것이 '오버로드의 원칙'이다. ❀

04...

속담 또는 명언을 활용하는 습관

가슴에 품고 있던 명언들이 위기를 극복할 수 있는 힘이 되기도 한다

'오늘까지 나 자신을 이끌어 온 힘은 내일도 변함없이 나를 이끌어줄 것이다.'

〈인생〉이란 글에 나오는 말이다.

수많은 난관을 극복하며 자신의 길을 걸어온 작가의 마음에서 우러나온 말이기도 하다. 수많은 난관을 헤쳐 왔으니 어떤 일이 닥쳐도 문제없다. 내일의 일을 쓸데없이 걱정할 필요는 없다는 의미라고 생각한다.

이렇듯 명언이나 속담은 함축성이 있어 뒷말을 이어가기가 비교적 쉽다. 또한 사람들의 관심을 끌기에도 적절한 기술이다. 그래서 어떤 모임이나 회의 혹은 강의를 하는 자리가 있다면 말의 서두로 사용하는 것이 효과적일 수 있다.

책을 읽거나 다른 사람의 말을 듣다가 여운이 남는 명언이나 격언 같은 것은 항상 수첩에 적어두는 습관을 갖도록 하자. 그리고 항상 그것을 지니고 다니면서 활용하는 습관도 길러야 한다.

이런 함축성 있는 말을 준비해 두면 또 다른 효용이 있다.

만약에 정체에 빠지거나 의기소침해 무기력한 상태라면, 수첩 속의 글들이 질책하고 격려하며 힘을 주는 역할을 해줄 수도 있다.

'막다른 길은 발전의 첫걸음이 된다.'

'인생에는 헛된 것이란 있을 수 없다.'

얼핏 듣기에는 소용없는 말처럼 여겨질지라도 긴 안목으로 본다면 결코 그렇지 않은 경우가 많다. 그 소용없는 말로 여겨졌던 것이 결국에는 다양한 자양분 구실을 하며 그 사람을 성장시키는 역할을 한다.

불행한 상황에서는 불운을 탄식하며 우울해하며 슬픔에 빠지게 될 것이다. 탄식과 우울 그리고 슬픔으로 상황을 벗어날 수 있다면 얼마든지 그렇게 하라. 하지만 그럴수록 상황은 더욱 악화되며 정신적으로도 피폐해지는 결과만 낳을 뿐이다.

자신에게 닥친 불행도 긍정적으로 받아들이고 순리처럼 따르는 것도 좋다. 그렇게 하면 이상하게 마음이 밝아지고 뜻하지 않는 출구가 생겨 결국에는 극복할 수 있게 된다. 이때 평소 가슴에 품고 있던 명언들이 더욱 쉽게 극복할 수 있는 힘이 되어 주는 역할을 할 것이다.

그리고 '오늘까지 나 자신을 이끌어 온 힘은 내일도 나를 이끌어 줄 것이다.' 라는 말도 가슴에 선명히 새겨두기를 바란다. ⚜

05

자신의 재능을 계발하는 습관

자신에 대해서 바로 알고 자신에게 주어진 상황에 열심일 때
성공의 열쇠가 주어질 것이다

값비싼 다이아몬드의 원석을 갖고 있으면서도 다른 사람이 아름답게 가공한 다이아몬드를 자기의 원석과 비교하여 자신의 것은 가치가 떨어지는 것으로 치부해 버리는 경우가 있다.

갈고 닦으면 더욱 멋지고 훌륭하게 빛나는 다이아몬드가 된다는 사실을 깨닫지 못하고 있는 것이다.

설사 그것을 깨닫는다 해도 원석을 갈고 닦는 일이 자신의 일이 아니라고 생각하는 것이다. 시간이 없고 귀찮고 힘든 일이라 생각하여 감히 갈고 닦아 값진 보석으로 만들기를 거부한다.

제아무리 값비싼 옥돌이라도 갈고 닦지 않으면 제 빛을 낼 수 없으며 값진 보석으로서의 가치와 생명감을 부여할 수 없는 것이다.

어떤 사람은 인간의 재능이란 천성적으로 갖고 태어나는 것이라고 하고, 또 어떤 사람은 약간의 재능과 끈질긴 노력이 따른다면 가능한 것이라고 보고 있다. 만약 그렇다면 환경과 기회를 유효적절하게 활용하는 것이 중요하다고 할 수 있다.

하지만 약간의 재능과 피나는 노력에 의해 만사가 이루어질 수 있다는 사실을 뻔히 알면서도 실천하지 못하는 사람들이 너무나 많다. 자기 자신의 재능이나 개성을 발견하지 못하고 있기 때문이라 할 수 있다.

자기 자신에 대해서 솔직해질 필요가 있다. 그리고 자기 자신을 철저하게 파악할 필요가 있다. 자신에 대해서 바로 알고 자신에게 주어진 상황에 열심일 때 성공의 열쇠가 주어질 것이다. ❖

06...

긍정적인 사고방식을
가지려는 습관

늘 밝게 웃으며 세상을 바라본다면 무궁무진한 가능성과 만날 수 있다

꽃은 항상 햇살이 비치는 쪽을 향해 피기 마련이다. 실내에 갇힌 꽃 역시 창 쪽으로 고개를 드는 것이 자연의 이치이다. 식물도 밝은 쪽을 좋아하는데, 하물며 인간이 음지보다는 양지를 선호하는 것은 당연한 일이다. 우울하고 늘 어두운 표정을 지닌 사람에게는 호감을 갖지 못한다. 밝고 쾌활한 사람 주변에 더 많은 사람들이 모인다. 태어나서 죽을 때까지 늘 웃음을 잃지 않고 살 수 있다면 우리는 후회라는 단어를 잊을 수 있다. 하지만 우리는 밝음보다는 어둠을, 웃음보다는 슬픔을 더 조성하며 살고 있다.

성인이 되고 또 세상의 풍파를 겪으면서 부정적인 생각이 우리의 삶을 얼룩지게 했기 때문이다. 모든 일을 어둡고 부정적인 쪽으로만 생각하게 하는 나쁜 습관이 몸에 배인 탓이다. 습관은 그래서 우리에게 아주 중요하다.

반면에 적극적이고 늘 밝은 생각을 지닌 채 웃음을 잃지 않는 사람은 어떨까? 어려운 일이 닥쳤을 때 쉽지는 않겠지만 얼마든

지 해낼 수 있다는 긍정적인 사고로 돌파구를 찾게 된다. 속절없이 흘러가는 세월 앞에서도 '아직 마흔이니 반을 살았네. 이제 다시 시작이다!' 라는 밝은 생각으로 대처하게 된다.

보다 긍정적인 사고방식을 가지려면 웃음을 습관으로 삼아야 한다. 웃는 습관이 지속되면 모든 현상을 너그럽게 바라볼 수 있다. 늘 고개를 들어 웃음을 지을 수 있다면 어떤 일이든 포용할 수 있는 마음이 생긴다.

인간은 다행스럽게도 의지를 가진 존재라 선택하는 대로 자신의 힘을 발휘할 수 있다. 인간만이 좋고 나쁜 사고와 행동의 습관을 형성할 수 있다는 것이다. 만약 자신의 능력을 파괴적인 목적으로 사용한다면 고통만이 남지만 긍정적이고 발전적인 목적으로 집중하고 연마한다면 결과는 달라진다. 습관은 그 사람의 현재는 물론 미래까지 변화시킬 수 있다.

어차피 우리는 단 한 번의 인생을 살아야 하는 존재이다. 남들과 똑같이 주어진 시간 속에서 얼마나 행복하고 알차게 삶을 경영하는가 하는 문제는 바로 마음가짐에 달려있다. 늘 밝게 웃으며 세상을 바라본다면 우리는 보다 많은 사람들을 내 편으로 만들 수 있다. 또한 무궁무진한 가능성과 만날 수 있으며 그만큼 성공의 기회는 많아지는 것이다. ✤

07

재능을 발휘할 자리를 찾는 습관

재능을 발휘할 수 있는 적당한 자리를 찾아야 빛을 발한다

누구나 재능 한 가지씩은 가지고 태어난다고 한다. 하지만 자신의 재능을 인정받지 못하거나 스스로 노력하여 살리지 못하는 경우도 많다.

천재는 1퍼센트의 재능과 99퍼센트의 노력으로 만들어진다는 말이 있다. 재능도 노력하지 않으면 그 진가를 발휘하지 못한다는 의미로 해석된다. 결국 노력을 통해 재능을 드러내는 것이 최선이라는 말이다.

재능이란 재주와 능력으로 그 사람의 가치를 가늠해 볼 수 있는 척도가 되기도 한다. 하지만 아무리 뛰어난 재능이라도 발휘하느냐 못 하느냐에 따라 달라진다. 또한 그것을 살릴 수 있는 곳을 발견하는 일도 중요하다. 재능을 십분 발휘할 수 있는 곳을 찾아내는 것이 바로 진정한 재능이다.

자신의 재능을 마음껏 발휘하는 사람들 가운데 소위 '전문가'라는 집단이 있다. 그들 대부분은 천재나 노력가가 아닌 그 분야가 아니면 어떤 보람도 갖지 못하는 사람들이다. 쉽게 말해서 그 분야에서는 최고지만 조금만 빗겨나면 무기력해질 수 있는 유형이다. 연구원 같은 사람들이 전형적인 예로 그들은 일반 사회 속에서는 상대적으로 뛰어난 역할을 하지 못한다. 하지만 그들은 대학이나 연구소에서는 없어서는 안 될 소중한 사람들이다. 그들은 특정한 공간 속이지만 평생 열심히 일을 하며 업적을 남기는 등 나름대로 인정을 받기 때문이다.

나무와 숲이 우거진 곳에서 마음껏 뛰놀며 살던 원숭이를 사막 한가운데에 놓아두면 어떻게 될까? 나무를 오르고 가지와 가지 사이를 옮겨 다니던 재주를 살릴 수 없어 무기력해지거나 죽게 될지도 모른다. 두뇌는 명석하지만 키가 작고 운동능력도 없는 사람에게 농구나 배구를 하라고 하면 한계를 드러낸다. 그 역시 자신의 재능을 살릴 수 있는 자리에 서있지 못했기 때문이다.

어떤 일을 이루고자 노력을 다하는 것은 아름답기까지 하다. 하지만 원래 노력이란 자신에게 무리한 일을 억지로 하는 것이라 그만큼 고통이 따르는 법이다. 노력을 고통이라고 여기지 않는 경우가 있는데 그것은 바로 자신이 있을 곳을 발견한 사람이다. 그 사람은 자신이 하는 일을 결코 노력이라고 생각하지 않기 때문이다.

누구에게나 재능은 분명 있다. 하지만 그것을 발휘할 수 있는 적당한 자리를 찾아야 비로소 빛을 발한다. ❖

08...

처음부터
올바른 습관을 들이는 습관

잘못 틀린 나쁜 습관은 문신괴도 같다
언젠가는 후회하지만 쉽게 지울 수가 없기 때문이다

몸에 익숙하게 배어 버린 습관은 이따금 강력한 무의식의 지배를 받아 지속된다. 그 의식은 뿌리가 깊고 단단해 쉽게 고치기 어렵다.

죄를 지어 평생 발목에 족쇄를 차고 살아가는 죄수가 있다고 하자. 그는 죽는 날까지 불편하고 고통스러워 견딜 수가 없을 것이다. 하지만 그 고통이 크다고 해도 한번 몸에 굳어진 나쁜 습관만큼 참기 힘든 것은 아니다.

습관은 쉽게 몸에 배는 특성이 있는데 나쁜 습관일수록 더욱 그렇다. 처음에는 대수롭지 않게 여겼던 것이 나중에는 끊어낼 수 없을 지경에 이르기도 한다.

평생 동안 외출이나 가벼운 산책조차 거부한 채 거실 한쪽 낡은 벽난로 앞에 앉아 있는 것을 좋아하던 노인이 있다. 어느 날 그에게 자리를 옮기라고 하거나 밖에 나가 운동을 하라고 떠밀면 어떻게 되겠는가. 좋은 취지에서 하는 권유이지만 그에게는 쉽게 실천할 수 없는 불가능에 가까운 일이 된다. 무엇보다 습관으로 굳어진 그 자리에서 벗어나는 것을 어색해할 것이고 두려움마저 느낄지도 모른다.

감옥에서 평생을 보내다 석방된 늙은 죄수에게서도 엇비슷한 양상을 볼 수 있다. 교도소 문을 나서는 순간 그는 뜻밖에도 감옥으로 다시 돌아가고 싶다고 한다. 그곳으로 되돌아가겠다고 하는 이유는 하나다. 자유로워진다는 것에 대해 오히려 본능적으로 두려움을 느끼는 것이다. 비록 고통스럽지만 그동안 몸에 밴 습관을 끊을 수가 없기 때문이다.

나쁜 습관은 세월이 흐를수록 바꿀 수도 끊을 수도 없는 요지부동의 혹이 돼버린다. 그래서 습관을 들이는 처음이 중요하다.

대개 40세 정도가 되면 스스로 후회하거나 다른 사람들로부터 지적을 받게 되는 나쁜 습관을 갖게 된다. 그런데 더 큰 문제는 개선을 하려고 해도 이미 자신의 일부가 되어버린 뒤라는 것이다.

무엇보다 중요한 것은 젊었을 때 처음부터 올바른 습관을 들여야 한다는 점이다. 그렇지 못하면 상황에 따라 지각 있는 행동을 할 수가 없다.

올바른 습관은 삶의 윤활유이고 나쁜 습관은 독이다. ✤

09...

공감하는
대화를 만들어내는 습관

원활한 대화의 성패여부는 상대방의 미음에
얼마나 절실히 와 닿고 공감을 느끼게 하는가에 달려 있다

대화의 중요성을 알고 행동하는 사람이 인생을 충실히 영위한
다고 했지만 실제로 어떤 식으로 행동해야 성공적인 대화를 나누
는 것인지를 한마디로 설명하기는 어렵다. 대화를 잘하고 못하고
에 따라 처음 만나는 사람에게 전혀 다른 인상을 심어 준다. 좋은
인상을 주는 사람과 그렇지 못한 사람은 인생 항로를 항해하는 데
큰 차이가 있다.

"나는 말을 잘 못해서…"

"그렇게 설명했는데도 알아듣지 못하니…"

전자는 대화의 기술적인 결함이 문제이고, 후자는 듣는 사람의
청취능력에 문제가 있는 것이다.

그런데 설명하는 입장에서 적절한 표현을 사용했다면 상대방이
알아듣지 못할 리가 없다는 생각을 전제로 할 때, 문제는 말하는
사람의 대화능력에 있다는 것을 금방 인식하게 될 것이다. 이런
사람은 상대방의 입장에서 설명하는 것과 상대방의 마음에 호소

할 수 있는 힘을 가진 정신적 에너지가 필요하다는 것부터 알아야
한다. 원활한 대화의 성패여부는 기술에 있는 것이 아니라 상대방
의 마음에 얼마나 절실하게 와 닿고 공감을 느끼게 하는가에 달려
있다.

중국의 병법에 적을 알고 나를 알면 백전백승이란 말이 있다.
서로의 마음이 통하는 대화, 목적을 달성하기 위해 상대방의 마음
을 움직일 수 있는 힘을 기르자면 우선 말하는 방법과 듣는 방법
부터 파악하여야 한다. 인간의 마음을 움직이는 원동력을 알아야
좋은 인상을 주는 사람으로 인정받을 수 있다.

대화의 내용을 상대방이 알아듣지 못했다고 해서 상대방을 탓
할 일이 아니다. 알아듣지 못하도록 설명한 자신에게 허물이 있
다. 대화에 능숙한 사람이 되려면 우선 인간학 전문가부터 되어야
한다.

"저 사람 속은 알 수가 없어. 도대체 무슨 생각을 하고 있는
건지."

이런 말을 한 적이 있다면 상대에 대해 얼마나 무지한지 각성해
야 한다. '이해하기 힘든 사람까지 이해하면서 어떻게 살아가야
하나? 난 나답게 살겠어.'라고 생각한다면 대화를 잘하고 못하고
와는 무관하게 앞으로의 사회생활에 난관이 예상된다.

열 사람을 만나 얘기를 나눈 뒤 다섯 사람 정도 마음이 통했다
고 생각된다면 자신의 대화능력을 한 번쯤 의심해 보아야 한다.
대화가 잘 통하지 않는 것을 남의 탓으로 돌리는 사람은 무슨 일
을 하든 성공하기 어렵다. 비즈니스로 만나는 모든 사람들에게 좋

지 못한 인상을 줄 것이고 이로 인해 일의 진행에 많은 문제들을 일으킬 것이다.

이런 관계를 무시하고 남의 탓으로 돌리며 대화의 기술을 익히기를 거부하는 사람에게 인간의 존재를 이해시키기는 매우 어렵다. 이런 사람은 가치 있는 인생을 설계하기도 어렵거니와 때에 따라서는 스스로 무덤을 파는 꼴을 자초하게 된다.

인간이 어떤 존재인가에 대한 해답은 달과 화성에까지 우주선이 발사되고 최첨단 컴퓨터가 산업을 관리하는 현재에도 미래에도 찾아내기 어려울 것이다. 그러나 인간에 대해 너무 어렵게만 생각하는 것은 좋지 않다. 즉, 세상을 가능하면 단순하게 생각해 보자는 것이다. 인간은 세상의 다른 모든 것들과 다를 바 없다고 생각해 보자.

이 말에 반론을 제기할 사람도 있을 것이다. 인간은 타고난 성격이나 환경, 사회적 지위 등에 의해 그 사고방식의 모양이나 행동양식은 같지 않다. 그러나 인간의 표면에 드러난 사고나 언행의 측면이 아니라 내면 깊숙한 곳에 자리 잡고 인간의 마음을 조절하는 기쁨, 슬픔, 유쾌함, 불쾌감, 분노, 두려움 등의 일반적인 감정적 측면은 그렇지 않다.

예를 들어, 아들이 죽었는데 기뻐할 부모가 있을까. 돈이 너무 많다고 자살할 사람이 있을까. 예의 바른 행동에 불쾌해 하는 사람이 있을까. 욕을 먹고 즐거워할 사람이 있을까. 배신당하고 감동할 사람이 있을까.

분명 인간의 감정을 자극하는 근본적인 원인은 같을지 모르나

표면에 드러나는 형태는 사람마다 조금씩 다르다. '신은 인간을 평등하고 동일한 형태로 창조하였다.' 라는 말이 있지만 꼭 그렇지만은 않다. 최소한 대화에 있어 인간의 사고와 능력, 행위는 분명한 차이를 보인다. ✤

10...

자기 이미지를 연출하는 습관

신념을 가지고 강철처럼 단단해진다면 자신만의 이미지를 연출하며 살아갈 수 있다

즐거운 삶을 살아가기 위해서는 반드시 자기 연출이 필요하다. 때로는 환희에 찬 러브스토리의 주인공이 되기도 하고 때로는 생을 정면으로 도전하는 강한 힘의 소유자가 되기도 하며, 때로는 찰리 채플린 같은 명배우가 될 필요도 있다.

인간은 누구나 멋있고 재미있게 살고 싶어 한다. 그러나 이 세상을 어떻게 살아갈 것인가는 각자 자신이 알아서 스스로 결정할 수밖에 없다.

사람들은 대부분 막연히 열심히 살면 가장 잘 사는 것이라 생각한다. 그러나 맹목적으로 열심히 일하는 것은 자칫 무미건조한 삶이 되기 쉽다.

또한 어떤 일이든 꾸미지 않는 자연스러움은 인간에게 가장 편안함을 준다. 그러나 편안함을 주기 위해 옷을 전혀 입지 않는다면 어떻게 되겠는가. 우리의 삶도 적당히 옷을 입은 자연스러움에 재미를 더해가는 연출이 필요하다.

잘 관찰해 보면 인생은 연출이 아닌 것이 없다. 대통령 후보가 공약을 앞세워 선거 유세를 하는 것도 연출이며 대통령의 외국방문 행사도 하나의 연출이다.

사업가의 거래관계도 연출이며 비즈니스맨의 판매 방법, 쇼맨십, 샐러리맨들의 승진, 개인적인 인간관계도 모두 하나의 연출이라 할 수 있다.

이렇듯 하루하루 일상 자체가 연출의 연속이다. 그렇기 때문에 개인의 일생도 얼마나 연출을 잘 하느냐에 따라 멋지고 후회 없는 삶으로 만들어갈 수 있다.

찰리 채플린처럼 스스로 각색하고 연기하며 감독자가 되어도 좋다. 주연을 젊은이들에게 양보하고 엑스트라가 되어도 좋다. 자기 인생을 어떻게 연출하고 어떤 빛을 나게 만드느냐 하는 것은 각자의 마음속에 있기 때문이다.

그렇다면 어떻게 자기 이미지를 연출하며 살아갈 수 있을까. 가능하다면 자신감을 자기 안에 꽉 채우고 불안을 없애는 것이다.

러시아 속담에 '유리는 해머에 깨뜨려지지만 강철은 더욱 단단해진다.'는 말이 있다. 인생의 해머도 우리들이 연약한 이미지를 갖고 있으면 자신감을 잃게 되고 인생에 소극적으로 되어 시련이나 질병, 경제적 고민 등 자신을 위협하는 모든 것과 맞서 싸워 나갈 수 없게 된다. 그러나 강한 신념을 갖고 있어 불안의 해머를 맞아 쓰러지더라도 결코 좌절하지 않고 신념을 가지고 강철처럼 단단해진다면 자신만의 이미지를 연출하며 살아갈 수 있을 것이다. ❧

11..

30퍼센트만 잘 해도
성공이라고 생각하는 습관

야구에서 최우수선수로 뽑히는 대부분은 3할 대의 타자들이다

평소 음악애호가인 청년이 유명 가수의 CD를 구입해 듣고는 이 렇게 말했다.

"좋다고 해서 들어봤는데 그 중에서 두 곡 정도만 괜찮더군요. 인기는 있는데 내용은 별로인 것 같아요."

그 말에 전문 뮤지션이 대답했다.

"좋은 곡이 두세 곡 수록되어 있다면 그건 성공한 앨범이라네."

뮤지션의 말과는 달리 절반 이상의 곡이 기대 이상으로 인정을 받는 경우도 물론 있다. 하지만 그런 일은 거의 기적에 가까운 일 이다.

신문에 시사만평을 그리는 화백이 있었다. 그는 술자리에서 왜 매일매일 히트를 치는 그림을 그리지 못하냐는 지인의 말에 이렇 게 대답했다.

"타자가 공을 칠 때마다 홈런일 수는 없지. 홈런을 쳤으면 안타 도 치고 또 더러는 범타에 그쳐야 더 인간적이지 않겠어? 그래도 일주일이면 두 편 정도는 좋은 작품이 나오니 그만하면 성공이지."

세상을 살다보면 좋은 일이 있으면 분명 나쁜 일도 겹치고 때로는 무엇이라고 단정 짓기 어려운 모호한 상황도 있다. 문제는 항상 좋은 일만 생겨야 만족하는 사람이다.

모든 곡이 좋아야 괜찮은 앨범이라고 생각하고, 매일매일 히트를 치는 시사만평을 그려야 최고라고 여기는 사람이 그들이다. 이와 같은 사고방식은 일단 현실성이 결여된 것으로 그들은 늘 나머지 70퍼센트를 불행이라고 믿고 사는 것과 같다.

열 가지 가운데 두세 개만 좋아도 괜찮은 것이고 성공이라 생각해야 한다. 또 나머지 나쁜 것은 당연한 일이라 여겨 실망하거나 좌절하지 않는 마음가짐도 필요하다.

좋은 점이 20~30퍼센트 정도라도 보통은 된다고 자부하는 자세가 내일을 만든다. 프로 야구의 경우 3할 대의 타율을 가진 선수를 유능하다고 평가한다. 30퍼센트의 성공으로 그는 개인성적을 쌓아가고 팀의 승리를 이끈다. 그리고 많은 사람들은 그를 성공한 사람이라고 인정하고 있다. ✤

나눔을 실천하는 습관

어려움에 저한 사람에게 따뜻한 말 한마디로 니눔을 실천하고
함께한다는 마음을 전달할 수 있다

독식은 몸과 마음이 아주 가난했을 때 생기는 나쁜 습관이다.
그동안 채워 놓은 것이 없어 조급한 마음에 혼자서 먹어치우려는
판단오류의 결과이다. 주변의 사람들이 쓰러지든 말든 혼자만 살
겠다고 발버둥치는 이기적 행동이다.

가난할수록 나눌 수 있는 마음이 높은 인격이며 세상을 살아가
는 최소한의 도리다.

平和

이 글자를 가만히 들여다보면 깨우침을 얻을 수 있다.

平, 禾, 口

평화라는 단어를 이루고 있는 이 세 글자를 잠시 헤아려보자.
결국 곡식이 모든 사람들의 입으로 공평하게 들어갈 때만이 평화
롭다는 뜻이다. 그런데 이 곡식이 공평하게 사람들의 입으로 들어
가지 않기 때문에 분쟁과 싸움이 일어나는 것이다.

늘 허덕이던 현실에서 너그러운 마음을 건넬 수 있는 한 사람만

만나도 우리는 소중한 삶의 지팡이를 얻을 수 있다. 베푸는 마음을 나눈다면 세상은 더욱 넓어지고 눈부시며 더 이상의 가시밭길은 없을 것이라는 희망이 생긴다. 새로운 문이 열리며 지금까지는 없다고만 부정했던 빛나는 가치들이 쉬지 않고 발견될 것이다.

진정한 나눔은 경제적인 교환행위와는 거리가 멀다. 우리가 누군가에게 나눠줄 수 있다는 것은 생명력 넘치는 고귀한 행위이다. 소유한 것에서 일부를 덜어내는 것이 아니라 우리가 세상에 가할 수 있는 영향력을 배가시키는 일이다.

마음은 있지만 선뜻 나눔을 실천하지 못하는 사람들이 있다. 그것은 마음을 열지 못하기 때문이다. 나눔을 실천할 수 있는 열린 마음은 아주 소박한 것에서부터 출발한다. 반드시 물질적이고 눈에 보이는 것으로만 나눔을 규정짓기 때문에 실천하지 못한다. 우리가 다른 사람들에게 나눌 수 있는 마음은 생각보다 거창하지 않고 어렵지 않다.

직장 안에서 주고받는 격려의 말에도 마음은 담겨있다. 혹은 어려움에 처한 사람에게 따뜻한 말 한마디로 나눔을 실천하고 함께한다는 마음을 전달할 수 있다.

'날씨가 좋군요. 오늘도 최선을 다합시다', '피곤해 보이는데 커피 한 잔 할까?' 등등 우리가 표현할 수 있는 나눔의 마음은 쉬우면서도 큰 감동을 남긴다. 나눔은 또 다른 나눔으로 이어져 세상 어느 곳을 가더라도 안전한 터전으로 삼을 수 있다. 나눔을 실천하는 사람이 되면 결코 혼자가 아니라는 자각에 무슨 일이든 할 수 있는 용기가 생기게 된다. ❀

13...

상대방을 배려하는 습관

상대의 입장과 상황을 신중히 고려해 사소한 것이라도 배려하는 마음이 중요하다

사람의 진정한 아름다움이란 사소한 것이라도 남을 배려하는 마음, 길가에 떨어진 낙엽 한 장에도 마음 아파하는 사람다운 마음속의 행복을 느끼는 것이다. 그러기 위해 가장 중요한 것은 마음을 느끼는 것이다.

이전에 이런 일이 있었다.

한 방송국의 일요찻집이라는 프로그램에 출연했을 때 그 내용을 녹음한 테이프를 한 여인에게 보내 준 적이 있다. 어떤 경위로 보내 주었는지는 잊었지만 그녀와는 만난 적이 없었다.

며칠이 지나 그녀로부터 편지가 왔는데 거기에는 300엔짜리 동양화 그림의 우표가 동봉되어 있었다.

"테이프를 보내 주셔서 감사합니다. 업무상 외국에 우편을 보낼 일이 많으시리라 생각되어 보내드립니다. 그때 사용하세요."

그녀는 내 인상에 깊게 남았다. 형식적인 인사 편지라면 그렇게

까지 기억에 남지 않았을 것이다. 그러나 내 입장을 생각해 '아마 외국에 편지를 보내는 일이 많을 테니 우리나라의 아름다운 풍속이 그려진 우표를 사용하면 멋지지 않을까?' 라고 생각해 준 그녀의 마음이 느껴졌기 때문이다. 그 순간 그녀는 절대 잊히지 않는 존재로서 내 머릿속에 기억된 것이다. '테이프 발송 요금입니다.' 라는 식으로 우표를 보내왔다면 '그렇군' 하고 끝났을 것이다.

그런 마음을 느낄 수 있게 한다면 그 시점에서 인간관계가 시작되었다고 해도 과언이 아닐 것이다. 다음에 그녀를 만날 기회가 있다면 먼저 말을 걸 수 있을 것이고, 초면이라는 생각이 들지 않을 것이다. 예를 들어 몇 번을 만나도 교감할 수 없는 상대에게는 이런 친근감을 느낄 수 없다.

그러나 이런 마음을 느끼기 어려운 이유는 그에 따른 자기만의 지침서가 없기 때문이다.

물론 누구나 자기 나라의 풍속이 그려진 우표를 보낸다고 감동을 줄 수 있는 것은 아니다. 하지만 중요한 것은 상대의 입장과 상황을 신중히 고려해 사소한 것이라도 배려하는 것이다. 그러기 위해서는 부드러운 감성과 사람을 보는 눈 등의 느낌이 필요할지도 모른다. ✤

14...

소중한 인연을 만들어가는 습관

만나는 사람을 대할 때 일기일회의 정신을 가지고 최선을 다하는 습관을 들여야 한다

사람을 한자로 人間이라고 하는 데 사람 인(人)자에 사이 간(間)
자를 쓴다. 間에는 '갈마들이다, 섞이다' 라는 뜻이 있는데, 사람
이 번갈아 들고 섞여 지낸다면 불교에서 말하는 연(緣)이 생기고
인연이 맺어지게 되는 것이다. 따라서 인간이란 말은 사람의 만남
이라 할 수 있다.

이렇게 볼 때 인간은 만남을 통해 서로서로가 영향을 끼치는 관
계를 맺고 살고 있기 때문에, 세네카가 말했듯이 인간은 사회적
동물임을 이해할 수 있다. 그래서 독일의 시인 카로사도 '인생은
만남이다.' 라고 말한 것 같다.

우리들은 살아가면서 많은 사람들과 만나게 된다. 부모와 형제
그리고 친구, 선생님이나 이웃 사람 등과 더불어 살고 있다. 그리
고 이러한 삶의 연속은 어찌 보면 자기 자신의 운명과의 만남이나
해후라고 생각할 수 있다.

우리들은 서로 만나는 사람들로부터 영향을 받고, 이를 통해 자

기 자신의 인생을 만들어간다. 아주 훌륭한 사람을 만나는 행운도 있겠고, 때로는 약삭빠르고 저속한 사람을 만나게 되는 불행도 있을 수 있다.

그러나 우리들은 행복과 불행을 따지기 전에 인간으로서의 성장을 이루어 낼 수 있는 사람과의 만남을 통해 자기 자신의 인격을 높여 가야 할 것이다.

다도에는 일기일회(一期一會)라는 말이 있다. 차를 대접할 때 '이 사람은 일생에 한 번밖에 만나지 못할지도 모른다. 그러니 좋은 차를 대접해야겠다.' 라는 의미이다.

만나는 사람을 대할 때 일기일회의 정신을 가지고 최선을 다하는 습관을 들여야 한다. 아무리 작은 인연도 나에게 언젠가는 소중한 의미가 되리라는 마음가짐이 필요하다. 인연은 그래서 보이지 않는 최고의 투자인 셈이다. ✤

15...

장인과 상인의 안목을 갖는 습관

장인의 기술과 상인의 눈을 가진 '장상인'은 곧 현대가 필요로 하는 최고 인력이다

"한 가지 재주는 만 가지 재주로 통한다."

일본 에도시대 초기 무사이자 화가이기도 했던 미야모토 무사시의 유명한 병법서 오륜서(五輪書)에 나오는 말이다.

무엇이든 한 가지를 터득한 사람은 다른 분야에서도 얼마든지 통할 수 있는 능력을 갖게 된다는 것이다. 전문적인 능력을 키우는 동안 얻은 업무 요령이나 기술에는 다른 분야에서도 활용할 수 있는 원리 원칙이 담겨져 있기 때문이다.

자신이 어떤 한 분야에 재능을 드러내고 능력을 발휘할 수 있다면 그것을 하나의 기준으로 삼아 다른 분야의 업무뿐만 아니라 세상의 흐름까지도 읽어낼 수 있다. 자신이 터득한 노하우는 세상전체의 흐름과도 이어지는 보편성이 숨어 있는 것이다.

어느 분야에서 한 가지 기술을 익힌다는 것은 세상의 이치를 획득하는 것과 마찬가지이다. 그 이치를 응용하면 전문분야가 아닌세계에서도 얼마든지 능력을 발휘할 수 있다.

프로야구 감독의 뛰어난 선수기용법을 회사의 인심 장악기술에 참고하는 것이 그 좋은 예이다. 일단 한 가지 기술에 최고가 되는 것이 순서이다. 전문적인 기술을 터득한 다음 폭넓은 지식과 능력을 습득하는 것이다.

일본 아사히맥주 회장 히구치 고타로는 제조업체 사원은 장상인이 되어야 한다고 강조한다. 물건을 만드는 사람은 장인과 상인의 특성을 두루 갖춰야 한다는 의미다. 장인이란 곧 독창적이고 좋은 품질을 만드는 기술을 지닌 채 거듭되는 연구로 경지에 오른 사람이다. 그러나 연구에만 몰두한다고 해서 장인이 되는 것은 절대 아니다. 오히려 시야가 좁아져 좋은 물건만 만들면 된다는 자기만족에 빠지기 쉽다. 이럴 때 필요한 것이 상인의 눈이다.

상인의 눈이란 상품의 진정한 가치를 발견하고 그것을 시장에 맞게 내놓아 소비자의 이해를 얻어내는 능력이다. 이 두 가지를 모두 갖췄을 때 비로소 제조업체는 독창적인 상품이나 서비스를 제공하게 된다는 것이다.

모름지기 전문성을 바탕으로 하여 정보력까지 갖춘 종합적인 능력을 겸비했을 때 경쟁력을 키워나갈 수 있다. ✿

16…

인간적인 모습을
보여주는 습관

약간은 어리석은 체하고 또 약간은 무능한 듯 처신하는 것이
오히려 현명한 처세술이 될 수 있다

사람의 마음을 끄는 것은 생각보다 아주 간단한 진리에 있다.

'마음은 꽃이다.'

사람은 생각보다 쉽게 대립하거나 타협한다. 강요를 당한다고
느끼면 정당한 의견에도 대립하게 되지만, 약간의 호감이라도 느
끼게 되면 쉽게 타협하는 것이 사람의 마음이다. 사람의 마음은
마치 꽃과 같아서 부드럽게 내리는 이슬에는 꽃잎을 활짝 열고 받
아들이지만, 세차게 퍼붓는 비바람에는 움츠리며 거부한다.

사람은 자기보다 말재주가 없고 더듬거리며 약간은 어설픈 사
람을 더 좋아한다. 그런 사람일수록 자신에게 편하기 때문이다.

말을 더듬는 사람은 대개 마음이 고운 사람이다. 얼마나 마음이
곱고 심약하면 말까지 더듬거릴까. 반면에 사기꾼치고 말재주 없
는 사람은 없다.

사람은 남의 실수담을 듣고 볼 때 가장 재미있고 신바람이 난
다. 자신보다 부족하고 어설픈 사람이라고 여겨 경계심을 풀기 때

문이다. 상대방의 마음을 열고 싶다면 자주 자신의 실수담을 드러
내라. 스스로를 잠시 조롱거리로 만드는 것도 상대를 끌어들이는
한 방법이다.

위기에 빠진 자신의 모습을 드러내라. 어처구니없는 실수 때문
에 남의 웃음거리가 된 자신을, 어설픈 자신의 모습을 과감히 드
러내는 것이다. 이때 상대방은 가장 신나고 재미있어 한다. 그리
고 나의 이야기에 관심을 보이게 된다. 인기가 있는 사람은 바로
이러한 인간의 심리를 잘 이해하고 생활에서 실천하는 타입이다.

'피터의 법칙' 이라는 말이 자주 쓰인다. 미국의 사회학자 피터
가 능력의 종착역적인 증후군에 대한 연구 결과를 말한 것이다.
모든 것은 최고의 단계, 즉 자기능력의 한계에 이르면 다시 무능
해지고 변칙적인 현상이 일어난다는 이론이다.

과거의 역사를 볼 때 공룡의 전멸이나 로마제국의 멸망, 중세사
회의 몰락 등은 모두 이 최고의 단계인 무능력 수준을 넘어섰기
때문이라는 것이다. 이를 인생사에 적용해 보면 한 인물이 최고의
단계에 이르기 전에 약간은 어리석은 체하고 또 약간은 무능한 듯
처신하는 것이 오히려 현명한 처세술이 될 수도 있는 것이다. ❀

스스로 패배했다고 생각하면 정말 지는 것이다. 용기가 없다고 생각해 버리면 끝내 비겁해질 수밖에 없다. 승리하고 싶지만 이길 수 없다는 생각에 사로잡히면 언제나 패배자로 남을 뿐이다. 성공은 의지로부터 시작된다.

5

의지력도
습관으로
만들어라

Power of habit

01...

겸손하게 세상을 바라보는 습관

거고만상함보다는 허리를 숙이는 것이 지혜이자 슬기이다
굽혔던 허리를 폈을 때 더 큰 세상을 보게 되기 때문이다

산과 들판의 한 포기 풀은 약한 바람에도 쉽게 고개를 숙인다. 그러나 사실 온갖 시련의 바람을 이겨낸 강한 존재이다.

우리의 삶 역시 이와 다르지 않다. 인생을 살아가는 동안 수많은 경험을 한 사람이라면 더욱 공감할 것이다.

겸손은 청년기를 장식하는 훌륭한 마음가짐이다. 그래서 겸손하려고 노력하지만 자칫 연약함으로 비쳐질까봐 실천하지 못하는 경우가 많다. 그러나 겸손은 가장 성숙한 사람에게서만 묻어나온다.

자신만 고상한 척하면서 세상에 대고 불만을 토로하며 사는 사람은 인생에서 얻는 지식에 한계가 있다. 겸손할 줄 모르면 언제나 남을 비난한다. 남의 허물만을 잘 알고 있는 사람일 뿐 삶의 지혜에 대해서는 무지하다. 결국 자신의 욕망만이 점점 커져가게 될 뿐이다.

강인함처럼 겉으로 드러나는 것의 실체는 단순히 무지로 인한 용감함이다. 강한 듯 보이지만 실상은 나약하기 짝이 없는 사람인 것이다.

진정한 지혜와 슬기는 겸손한 사람에게서 나온다. 강한 나무일수록 완충역할이 없어 쉽게 꺾인다. 하지만 지혜와 슬기는 부드러운 막을 형성해준다. 아무리 천성이 완고한 사람일지라도 지혜와 슬기로 강한 바람마저 흡수할 수 있는 것이다.

나를 숙이고 항상 상대를 존중하는 자세로 세상을 바라볼 때 진정 강해질 수 있다. ❀

02...

마음의 평화를 만드는 습관

마음을 평화롭게 하기 위한 방법은 의외로 간단하다
그것은 다만 마음을 평화롭게 인도하면 되는 것이다

'거만한 마음을 자라게 해서는 안 되며 욕심을 내버려 두어서도 안 된다.' 라고 「예기」에서는 말한다.

평온한 마음을 갖기 위해서는 우선 마음을 비워야 한다. 욕심을 버리고 자신을 괴롭히고 있는 모든 생각들을 마음에서 몰아내야 한다. 그리고 그곳에 맑고 선한 생각들로 채워 넣어야 하는 것이다.

인간의 욕망은 두 개의 날이 있는 한 자루의 칼과도 같다. 현명하게 잘 다룬다면 개인은 물론 사회와 국가의 안녕과 발전에도 큰 도움이 된다. 그러나 맹목적으로 혹은 끝도 없는 개인의 사리사욕만을 위해 휘두른다면, 자신을 잃고 어지러운 마음 때문에 삶의 평형은 깨지고 만다.

자신이 이미 했던 행동에 대한 후회라든가, 실패했던 아픈 기억, 그리고 타인에게 시달리고 있는 정신적인 고통이나 불쾌한 생각 등 괴롭히고 있는 모든 기억들을 마음에서 몰아내는 것이 우선이다.

그렇게 하기 위해서는 우선 긍정적인 생각들을 머릿속에 심어야 하며, 신뢰하고 있는 사람에게 고민을 털어놓고 상담을 하는 것도 좋은 방법 중의 한 가지가 될 것이다. 또한 절대자에게 기도를 하거나 묵상을 통해 마음의 평정을 얻을 수도 있을 것이다.

그러나 중요한 것은 인간은 오랜 시간 동안 마음을 비워둔 채로 있을 수 없다는 사실이다. 빈 마음은 반드시 무언가가 차지하려고 노리는 대상이 되기 때문이다. 그러므로 어렵게 비운 마음속에 창조적이며 건설적인 생각을 채우는 습관이 필요하다. 그렇지 않으면 어두운 생각들이 다시 마음을 차지하게 되며 괴롭히게될 것이다.

마음을 평화롭게 하기 위한 방법은 의외로 간단하다. 그것은 다만 마음을 평화롭게 인도하면 되는 것이다. 즉, 마음속에 항상 평온한 생각으로 충만케 하는 것이다.

예를 들어 시간이 날 때마다 지금까지 가장 평화롭던 기억을 찾아내 그것을 상상하며 마음속에 그려보라. 어느 날 찾았던 바닷가의 호젓한 풍경이라든가, 유난히 감명을 주었던 황혼 빛의 산책길 등을 수시로 떠올려 보는 것이다. 그리고 그런 평화로움 속에 젖어 보라. 마음은 어느덧 평온함으로 가득 차 건강하고 행복한 상태가 될 것이다. ✤

03...

진지한 태도로 대화하는 습관

말을 잘하는 것보다 마음의 눈으로 상대방과 마주하라

상대방의 마음을 움직이는 기술은 달변이 아닌 진지함이다.

행동으로 어려웠던 일도 말만 잘하면 해결되는 경우가 있다. 그러기 위해서는 무엇보다 진솔함이 묻어나야 한다. 대화에 있어서 진지함이란 상대방의 입장에서 배려하는 마음이다.

상대방의 말을 듣고 답하는 방식도 중요하다.

가급적 온화한 태도로 듣고 말하되 전달하고자 하는 뜻은 분명하게 할 필요가 있다. 그때 표현은 부드러워야 하며 항상 상대방을 배려하고 있다는 인상을 주는 것이 좋다. 자신의 주장보다는 많은 질문을 통해 상대방이 대화를 이끌어가고 있다는 인식을 주는 것도 효과적이다.

마음의 눈으로 상대방을 보아야 하는 것은 기본이다. 상대방을 향한 마음의 눈은 곧 내가 하고자 하는 말에 대한 자신감이자 상대방의 말에 대한 관심의 표현이다. 일상에서도 반드시 필요한 태도이다.

상대방과 마주앉은 상태라면 가급적 여러 곳을 바라보는 것이 좋다. 한곳만을 응시하는 것은 자칫 위협적으로 보일 수 있기 때문이다. 시선을 옮겨가며 동석한 다른 사람들을 보는 것도 한 방법이다. 단 둘만의 대화일 경우 상대방의 입이나 다른 곳을 번갈아보다가 다시 눈을 마주치면 된다.

시선을 마주칠 때 상대방이 '아! 이 사람은 내게 관심을 갖고 있구나!' 라는 느낌을 강하게 갖게 해야 한다. 상대방의 눈을 바라볼 때도 오른쪽보다는 왼쪽 눈을 보는 것이 유리하다. 왼쪽 눈은 그 사람의 영혼이 반영되지만 오른쪽 눈은 세상에 투영되는 자아를 드러낸다고도 한다. 결국 오른쪽 눈은 세상의 눈이 되는 셈이다.

소심한 성격이라면 처음부터 어디에 시선을 두어야 할지 헤매게 된다. 상대방의 눈을 똑바로 응시할 수 없다면 두 눈 사이 콧등을 보는 것이 무난하다. 혹은 눈 바로 위 이마에 초점을 두는 것도 효과적이다. 어떤 시선이든 상대방은 자신과 눈을 맞추고 있다는 인상을 받기 때문이다.

그런 훈련을 반복하다 보면 언젠가는 마음의 눈으로 진지하게 상대방과 마주할 수 있게 된다. ✽

04...

정면승부와
적극성을 기르는 습관

야생마를 길들이기 위해 어떤 방법이 효과적일까? 조심스럽게 말의 뒤에서 접근해야 옳다는 사람이 있고, 측면에서 다가서야 말의 전체를 파악하는데 도움이 될 것이라고 믿는 사람도 있다.

결론부터 말하자면 정면승부가 가장 좋은 방법이다.

정면에서 성난 말의 발을 과감하게 잡는 방법이 최선이다. 아무리 사나운 말이라도 순종하게 된다.

대상의 눈을 봐야 한다. 망설이거나 애매한 방법으로 혹은 기회를 보듯 교묘한 처세로는 문제를 해결할 수 없다. 정면으로 맞서 진지하게 문제점을 파악하고 해답을 구해야 한다.

난관에 부딪혔을 때는 정면공략 만이 효과적이다. 뒤에서 공략하려는 것은 말의 뒷발에 채일 수 있어 자칫 위험한 상황에 놓일 수 있다. 정면승부수만 띄운 후에는 반드시 적극적인 자세가 뒤따라야 한다. 용기와 결심 그리고 자신감이 그것이다. 그런 자세가 뒷받침을 해줄 때 비로소 정면승부의 가능성을 높여 준다.

소극적인 사람이 적극적으로 변하는 비법 하나가 바로 먼저 선수를 치는 것이다. 소극적인 사람에게 가장 힘든 일이기 때문에 그 효과는 기대 이상이다. 변명으로 일관하거나 핵심을 피하는 자세는 발전을 가로막는 장애다.

행여 상사 앞에서 당황하여 눈치만 살핀다면 최악의 결과를 초래할 것이다. 상사는 분명 '이 친구는 안 되겠군!' 이라는 실망만을 안게 되기 때문이다.

자신감을 가지고 대상을 똑바로 주시하는 것만이 성공의 지름길이 될 것이다. ❀

05...

장기적인 목표를 세우는 습관

하루의 목표를 달성한 사람은 행복한 사람이며
마침내 장기적인 꿈을 성취하는 성공자이다

한 번에 얻어낸 커다란 성과는 생각처럼 큰 만족을 주지 못한다. 차근차근 순서대로 착실히 노력해 쌓아올린 성과보다 불안정하고 탄탄하지 않기 때문이다.

하늘 높이 나는 새를 잡고 싶은 사냥꾼이라면 그 전에 먼저 할 일이 있다. 자신의 솜씨가 미치지 못하기 때문에 일단 가까운 곳에 앉은 새부터 몇 마리 사냥해 보는 것이다. 그런 다음 총구를 하늘로 돌리면 처음보다 자신감이 생긴다.

목표가 크다고 해서 보폭을 넓게 하는 것은 어리석다. 자기 페이스를 잃는다는 것은 중도에 주저앉을 수 있는 요인이 된다. 하루하루 자신에게 맞는 보폭으로 꾸준히 최선을 다하다 보면 목적지는 어느새 눈앞에 와 있다.

조급함을 버리고 장기적인 안목으로 전진하는 사람은 단기적인 불행이나 스트레스를 얼마든지 극복할 수 있다. 목표가 뚜렷하고 착실하게 오늘을 밟아나가고 있기 때문이다. 그런 사람은 마침내 장기적인 목표를 달성한 뒤 그동안의 역경들이 돌부리가 아닌 성공을 위해 밟았던 디딤돌이라는 것을 알게 된다.

장기적인 목표를 정하고 전진하는 사람들의 특징이 있다. 그 과정에서 직면한 여러 문제들을 그때그때 해결한다는 점이다. 설사 철저한 준비를 했다고 해도 예기치 못한 돌발 사태나 문제들과 만날 수 있다. 그럴 때는 부분적으로 당면한 과제들을 해결하고 수정하며 추진하는 것이 더 효과적이다. 장기적인 목표를 세우되 그것을 이루기 위한 수단으로 단기적인 해결과제들을 정하는 것이 현명하다.

아무리 높은 산봉우리라고 해도 한 걸음 한 걸음 걸어가면 정복된다. ❀

06...

인내와 의지를 잃지 않는 습관

스스로가 남들보다 뛰어나다고 믿으면 남을 얼마든지 앞설 수 있는 기회가 온다

로버트 피어리가 북극탐험 중 조난을 당하였다. 세찬 폭풍과 눈
보라 그리고 영하 40도의 혹한 속에서 그는 곧 절망하고 말았다.
인간으로서는 결코 견뎌내기 힘든 극한 상황이었기 때문이다.

하지만 그는 사력을 다해 걷기 시작했다. 무모한 일일 수도 있
었지만 다른 방법이 없다고 판단하였다. 한참을 걷던 그는 그만
얼음 구멍에 빠지고 말았다. 다행히 깊지 않아 목숨은 건졌지만
옷이 모두 젖어 온몸이 얼기 시작했다. 그대로 있다가는 동사하고
말겠다는 생각에 옷을 벗기 시작했다. 다행히 가지고 있던 라이터
로 모닥불을 피워 몸과 옷을 말릴 수 있었다.

큰 충격에 빠져 자칫 판단력이 흐려질 수도 있는 상황에서 그는
옷을 벗어야 살 수 있다는 생각을 한 것이다. 혹한 속에서 옷을 벗
겠다는 판단은 대단한 의지와 결단력이 없으면 불가능한 일이다.
사실 그는 평소 이성으로 자신을 통제하고 조정하는 훈련을 꾸준
히 해온 사람이었다.

결국 그는 조난당한 지 3일 만에 인가에 도착할 수 있었다. 인내력과 의지력이 그를 살린 것이다.

우리는 수없이 많은 난관과 만나며 살아간다. 하지만 어떤 어려움이 있더라도 의지와 결단력으로 해결할 수 있는 마음의 준비가 무엇보다 절실하다.

스스로 패배했다고 생각하면 정말 지는 것이다. 용기가 없다고 생각해 버리면 끝내 비겁해질 수밖에 없다. 승리하고 싶지만 이길 수 없다는 생각에 사로잡히면 언제나 패배자로 남을 뿐이다.

성공은 의지로부터 시작된다. ❦

07···

행동하고 실천하는 습관

밤나무를 심기 위해 삽을 드는 순간부터
행운과 요행은 머리 위까지 이미 내려와 있다

'쓰지 않으면 무디어질 뿐이다.'

오래된 열쇠에 새겨져 있는 문구이다.

게으른 사람들에게는 분명 의미심장한 말이 아닐 수 없다. 부지런한 사람들이라도 삶의 지표로써 활용할 만한 말이다. 자신의 재능을 충분히 쓰지 않으면, 사용하지 않은 열쇠처럼 녹이 슬고 끝내는 아무 짝에도 쓸모 없게 되어버리기 때문이다.

가난해서 힘을 얻지 못했다는 이유로 욕망에만 의지하는 것은 옳지 못하다. 가난의 고통을 치유하는 방법은 두 가지가 있다. 자신의 재산을 늘리는 것과 욕망을 줄이는 방법이다. 그런데 요행은 우리의 뜻만으로 이룰 수 없지만, 욕망을 줄이는 일은 얼마든지 마음으로 가능하다. 정직한 사람은 자신의 욕망을 지배하지만 그렇지 못한 사람은 욕망에 지배당하는 법이다. 욕망은 만족과 끝을 모르는 통제불능의 감정이다.

모든 인간을 게으름뱅이들만 사는 극락으로 옮겨놓았다고 가정을 하자. 온갖 곡식과 과일이 저절로 자라나고 하늘에는 꿩 바비큐가 날아다니고, 마르지 않는 시냇물은 술로 넘쳐난다. 또한 누구든 언제나 쉽게 연인을 손에 넣을 수 있는 곳이다. 하지만 그런 곳에서의 인간은 싫증을 느껴 삶을 포기할지도 모른다. 아니면 전쟁과 살인이 자행되어 더 큰 고통에 빠질 수도 있다.

"인간이 원하는 것마다 모두 이루어진다면, 자신에게 주어진 시간을 무엇에 쓸 것인가"라고 한 철학자가 질문을 던졌다.

우리가 세상을 사는 이유 중 하나는 크든 작든 간에 성취감 때문이다. 무에서 유를 창조하든 기존의 레일 위를 달리며 얻은 것이든 성취감은 삶의 보람이다. 그러나 우리는 더러 행동하지 않고 그 결과만을 얻으려는 요행과 나태의 안일주의에 물들어 있다. 행동하고 실천하는 일 없이 욕심을 내면 부정과 부패가 생기는 법이다. 그것은 인간을 파괴시키는 가장 강력한 시한폭탄이다.

인간은 일을 통해서만이 세상을 순조롭게 살 수 있다. 그래서 일하지 않은 사람은 늘 불행할 수밖에 없다. 어떤 고뇌와 슬픔도 일의 기쁨 앞에서는 아무것도 아니다. 인간은 자기 일에 몰두하여 즐기고 있을 때가 가장 아름답다.

행운 혹은 요행은 다만 인과의 법칙을 믿고 실천하는 사람들만 예감할 수 있는 일이다. 노력해서 심은 대로 열매는 달리고 거기서 행복을 얻는 과정에서 받을 수 있는 보너스이기 때문이다. 결국 열심히 가꾼 나무에서 열린 쌍둥이 밤이어야 한다는 것이다. 밤나무를 심기 위해 삽을 드는 순간부터 행운은 이미 머리 위에 내려와 있다는 것을 알아야 한다. ✤

08...

항상 팀워크를 생각하는 습관

팀은 잘난 실력자 한 사람이 이끄는 것이 아니다

분재를 가꿀 때 대부분 자신의 취향대로 손이 가게 된다. 필요 없는 가지는 잘라내고 모양 없이 뻗치는 가지는 구부려주는 정도 이다. 그런데 채소를 키울 때는 그런 손길이 필요 없다. 채소가 크든 작든 뻗어 오른 것이든 구부러진 것이든 모두 키우고 수확하게 된다.

기업의 인재를 양성하기 위해서는 분재형이 아니라 채소형이 어야 한다. 분재는 교정의 손길이 필요하지만 채소는 육성 속에서 더 잘 자라기 때문이다. 능력과 성격이 다른 수많은 사람들을 활용하고 이끌어 성장시키자면 일률적인 방법은 효율적이지 못하다.

수백 수천 년을 지탱해 온 성의 돌담이 왜 견고할까? 크기가 일정한 돌들을 반듯하게 잘 쌓아올렸기 때문이 아니다. 자세히 보면 오히려 큰 돌은 물론 중간 돌, 작은 돌, 고르지 않은 돌이 다양하게 조합되어 있다. 하나의 목적을 위해 각자 맡은 역할을 완벽하게 분담하고 있다는 것을 알 수 있다. 견고함을 위해 오직 크고 단단한 돌만이 필요한 것은 아니라는 논리다.

기업도 마찬가지로 여러 타입의 인재들이 협력할 때 더욱 강해진다. 유능한 인재만 모아놓은 팀이 항상 좋은 성과를 올리는 것은 아니다.

잘난 인재는 물론 모나고 고집스럽고 건방진 다양한 인재들을 잘 다루는 것이 상사의 역할이다. 다루고 부리기 쉬운 부하만 끌어 모으고 자신이 바라는 대로 만들어가는 상사는 이기적이고 무능할 뿐이다. 역할이 약하고 실력이 부족해도 결점들을 잘 조율해 조직에서 필요한 인재를 만들어야 한다.

일 년을 키우겠으면 꽃을 키우고, 십 년을 키우려면 나무를 키우고, 백 년을 키우고 싶으면 사람을 키워야 한다는 말이 있다.

그러나 무엇보다 중요한 것은 팀워크에 반드시 필요한 인재를 양성하는 일이다. 그러자면 협력할 수 있는 여러 타입의 인재들의 조합이 더 가능성이 있다는 사실을 인지해야 한다. ✤

09...

할 일을 뒤로 미루지 않는 습관

어떤 일이든 미룬다는 것은 뒷걸음질 치는 삶의 역행이다

해야 할 일을 내일로 미루는 사람들은 습관처럼 "내일하지 뭐."
라고 말한다. 그러나 그들이 그렇게 말하는 순간 눈앞의 일은 처
리되지 못한 채 과제로 남게 된다. 풀지 못한 과제는 발전을 저해
하는 늪과도 같은 것이다. 그것을 해결하지 못하면 성공 역시 멀
어질 뿐이다.

막연하게 원하고 기대하는 것은 일처리에 자신이 없거나 실패
하면 어쩌나 하는 소극적인 성격 탓이다.

우리 주변에는 이처럼 내일로 미루고 막연하게 기대하면서 말
로만 평가하려는 사람이 의외로 많다. 직접 실천하고 행동하기보
다는 지금 당장은 편하기 때문이다.

실제로 당면한 과제를 풀고 해결하고자 하는 사람들은 핑계를
댈 틈이 없다. 누군가를 탓하거나 비평할 시간조차 없는 사람들이
다. 그들은 시간이 아까워 정신없이 일을 해야 하며 누군가를 비
난하고 평가할 대상으로 삼지도 않는다.

일본 속담에 '길흉은 사람에 따르지 날에 따르지 않는다'는 말이 있다. 성공과 실패는 시간에 의해 정해지는 것이 아니라 그 사람의 행동에 의해 결정된다는 뜻이다. 그래서 비록 흉한 날이라도 확실하게 행동하면 걱정이 없다는 것이다.

일을 미루는 사람들의 또 다른 특징은 자신이 하고 있는 일에 흥미를 느끼지 못한다는 것이다. 그래서 하는 일마다 싫증이 나고 깊은 관심은 갖지 못하게 되는 것이다. 싫증은 자신이 스스로 만드는 함정이다. 일이 싫다고 해서 내일로 자꾸만 미루다보면 현재의 시간은 무의미해질 뿐이다. 싫증은 자신이 스스로 극복해야 하는 과제이다.

일을 내일로 미루는 사람들의 보편적인 심리가 있다.

첫째, 현 상태라면 미래는 제자리걸음에서 벗어나지 못한다고 생각하면서도 계속 그 상태에 머물러 있는 경우.

둘째, 일이 꼬이고 상황이 악화되어 가도 막연히 그저 잘 되겠지 하고 바라는 경우.

셋째, 대립과 마찰로 인해 동료, 친구들과 대면하기를 기피하는 경우.

난관에 봉착한 문제는 머릿속이 아닌 행동에서 그 해답을 찾을 수 있다. 결심은 자신감으로 더욱 곧은 척추를 세울 수 있다. 적극적인 자세만이 문제해결의 열쇠이다. ⚜

10...

예의바른 습관

인간의 성의는 고개를 숙인 시간과 정비례한다

'인간의 성의는 고개를 숙인 시간과 정비례한다.' 는 말이 있다.

그러나 남에게 고개를 숙이는 일이 왠지 쑥스럽고 어색해서 잘 되지 않는다는 사람이 많다. 이런 사람이라면 다음과 같은 실험을 해보는 것이 좋다.

우선 자신의 전신이 비칠 수 있는 커다란 거울 앞에 선다. 그리고 빙긋 웃으면서 깊숙이 고개 숙여 인사를 한다. 얼굴을 들었을 때도 물론 미소를 짓는다. 그러한 동작을 하고 있는 자신을 거울을 통해 주시하기 바란다. 스스로도 매우 보기 좋다는 호감을 갖게 될 것이다.

이번에는 웃음을 짓지 말고 무표정한 얼굴로 고개를 숙여보는 것이다. 성의 없이 그저 고개만 슬쩍 숙이는 기분으로 말이다. 그 모습을 보게 되면 자신의 모습이 얼마나 불쾌한 인상인지를 확실하게 알게 될 것이다. 또한 이런 모습을 타인에게 보이게 되면 불쾌할 거라는 생각도 들 것이다.

인간의 가치를 학교 성적이나 일의 능력만으로 정하는 것은 잘못된 것이라고 생각한다. 그 사람에게서 우러나오는 태도, 그 사람에게 풍기는 분위기가 핵심이다. 그럴듯한 지위에 올랐다고 해서 위대해 보이는 것이 아니라, 그 사람의 태도 여하에 따라 그 가치가 정해진다. 뛰어난 재능을 지닌 사람일지라도 그 사람의 언어와 태도에 깊이나 친절함이 없다면, 사람들이 그를 좋아하지 않을 뿐 아니라 주변에 모일 리도 없다.

방에 들어서기만 해도 그 안의 공기를 흐려놓는 사람이 있다. 그 사람은 늘 우울하고 어두운 얼굴을 하고 있다. 그 사람은 상사나 동료, 부하의 험담을 즐기는 사람이다. '이건 비밀인데…' 하며 타인의 비밀을 여기저기 퍼뜨리며 다니는 사람이다.

당신은 어떠한가. 당신도 그런 사람과 다르지 않다면 당장 개선해야 한다. 그렇지 않으면 결코 당신에게 좋은 일은 일어나지 않는다. ❖

11...

끈기를 잃지 않고 전진하는 습관

끈기는 무너지고 부서지고 소각날시 모르는
꿈과 희망과 성공을 이어주는 강력한 접착제이다

계획한 일을 추진해나가다 도중에 포기한 일이 있을 것이다. 완벽하지 못한 인간이기에 얼마든지 중도포기는 있을 수 있다. 하지만 '조금만 끈기를 갖고 밀고 나갔더라면 성공할 수 있었을 텐데.' 하고 후회하는 것이 문제다.

자연분해되는 일회용 용기 개발에 전 재산을 투자한 사람이 실패를 맛보았다. 주변에서는 그만두라고 충고를 했지만 그는 중단하지 않고 연구를 거듭한 끝에 성공할 수 있었다. 그가 주변 사람들에게 해준 말은 이랬다.

"중단은 항상 빠른 선택일 뿐이지."

어떤 일이든 중단하겠다는 마음을 갖게 될 때는 정당한 것처럼 여겨질 때가 있다. 그러나 그런 결정은 항상 성급하다는 점도 잊지 말아야 한다.

난관에 부딪혔을 때 해결할 수 있는 방법이 있다. 특히 복잡하고 난해해서 분명 큰 실패를 안겨줄 것만 같은 문제에 직면했을 때 유용하다. 바로 중단하지 않는 마음가짐이다. 그러나 말처럼 쉽지 않다. 끈기를 갖기 위해서는 우선 실패라는 단어를 말하거나 떠올려서도 안 된다. 그 말을 사용하는 순간 스스로 실패를 받아들이는 꼴이 되고 만다.

사업가로 성공한 사람이 사업이 어려워졌을 때 희망적인 말은 단 한 마디도 사용하지 않았다는 사실을 뒤늦게 깨달았다. 결국 자신은 실패자의 길을 걸을 수밖에 없었던 것이다. 그는 후회를 하며 희망과 신념과 성공이라는 단어만을 생각하고 또 그것을 실천하기 시작했다. 그 후 당연히 모든 일에 자신감이 생겼고 사업도 조금씩 나아졌다.

영어에서 '아니오'라는 뜻의 'No'는 문을 닫는다는 의미를 담고 있다. 실패와 패배 또는 연기를 뜻하는 말이기도 하다. 지금까지 자신을 지배해 왔던 의식의 전환이 필요하다. 'No'를 뒤집어 'On'을 만드는 것이다.

끈기를 갖고 전진하는 것은 곧 성공에 한걸음 가까워지는 연습이다. 세계적인 사상가들의 다음과 같은 말을 그 길에 응원의 현수막처럼 걸어보는 것도 좋다.

"신은 반드시 인내하는 사람 곁에 있다."

"낙숫물도 대리석을 뚫는다."

"절망했다 해도 그 절망을 딛고 일어서서 전진을 계속하라." ⚜

12...

작은 목표부터 도전하는 습관

실현가능성이 있는 목표부터 도전해 보는 것이 좋다

성공은 또 다른 성공을 유도한다는 말이 있다. 이 말의 의미는 하나의 일을 성공하면 그 경험이 자신감으로 변하여 다음의 성공을 이어간다는 뜻이다.

목표를 달성하기 위해서는 한걸음 한걸음 착실하게 전진하는 것이 중요하다. 갑자기 큰일을 이루고자 하면 대부분 실패하고 만다. 그렇게 큰일이 아니라도 좋으니까 우선 눈앞의 목표를 달성하여 자신감을 갖고 나서 앞으로 전진하는 것이 현명한 방법이다.

눈앞의 목표를 달성하게 되면 마음은 더 큰 목표를 계획하게 된다. 그렇기 때문에 설령 다음의 목표가 다소 힘들더라도 성공의 확률은 높은 것이다. 왜냐하면 '전에도 힘껏 최선을 다했더니 성공했었다. 그 정도의 일도 잘 해냈으니까 이번에도 틀림없이 성공할 것이다.' 라고 적극적으로 생각하기 때문이다. 앞에 이루어낸 성공체험이 다음의 목표를 달성하게 하는 에너지가 되는 셈이다. 반대로 처음부터 커다란 목표에 도전하여 실패감만 맛보는 사람이 있다. 이런 식으로 나간다면 성공은커녕 실패의 쓴맛을 경험하게 된다. 실패는 또다른 실패를 유도하게 된다. 그런 일이 없도록 우선 실현 가능성이 있는 목표부터 도전해 보는 것이 좋다. ✿

13...
감식안을 키우는 습관

검증되지 않은 주관적 시각보다는 철저하게 분석한 객관적인 시각이 필요하다

물건을 살 때 무엇을 염두에 두고 고르는가?

자신에게 꼭 필요한 물건인지 되짚어봐야 한다. 또한 무엇보다 중요한 것은 그것이 과연 진품인지를 구별할 줄 아는 안목이다. 확고한 척도나 지식을 가지고 정확한 판단을 내릴 수 있어야 한다.

가짜가 판치는 명품가나 골동품 시장에서는 오히려 속는 사람이 바보라는 속설이 있을 정도이다. 그렇다고 언제까지 가짜가 판을 치는 세상에 어리석은 동조자로만 살 것인가.

가짜를 구별하고 상대에게 속임을 당하고 싶지 않다면 감식안(鑑識眼)을 연마하는 것이 최선이다. 감식안을 키우는 방법은 우선 진짜를 확실히 아는 일이다. 가능한 한 많은 진품을 대하는 것만이 철저하게 감식안을 길러 실수를 방지할 수 있다.

사람을 보는 눈도 마찬가지다. 어떤 사람에게 투자를 하고 나서 기대를 한 것보다 이익이 돌아오지 않으면 개탄하는 사람들이 많다. 이것은 사람을 보는 눈이 없기 때문에 생긴 결과이다. 자신에게 사람 보는 눈이 없는 것은 망각한 채 오로지 남의 탓으로만 돌리는 것은 아주 어리석은 생각이다.

검증되지 않은 주관적 시각보다는 철저하게 분석한 객관적인 시각이 필요하다.

사람을 보는 눈이 없는 사람들이 흔히 범하는 실수는 무조건 철석같이 믿어버리는 일이다. 아무런 객관적인 검증도 없는 상황에서 자기 멋대로 이 사람이라면 믿을 만하다고 단정해버리기 때문이다. 그 결과 자신의 믿음과 상반되거나 좋지 않은 결과가 나오면 배신당했다고 실망을 한다.

이런 사람일수록 눈앞에 진짜가 존재해도 인식하지 못한 채 가짜를 진짜라고 믿고 속는 일만 되풀이할 뿐이다. 오히려 진짜를 가짜라고 판단하는 더 큰 실수를 저지른다.

인간관계도 마찬가지로 정말로 투자할 가치가 있는 사람인지, 믿음을 갖고 마음을 열어도 되는 사람인지를 구별하는 것은 철저한 분석력과 객관적인 평가에 의한 판단력에 의해 이루어져야 한다.

학연이나 지연으로 혹은 어쩔 수 없는 관계 때문에 선불리 믿음을 주는 것은 어떤 분야에서도 소용되지 못하는 일이다. 때로는 냉정함으로 객관적인 판단력에 무게를 주는 것이 보다 철저한 자기관리이며 발전의 요소가 된다.

상대에게 믿음을 주고 싶다면 사심을 버리고 객관적이고 철저한 분석을 통해 마음을 내밀어도 늦지 않다는 것을 명심해야 한다. ✤

14...

자연의 리듬에 귀 기울이는 습관

가끔은 자연 속에 있으라. 그 안에서 삶의 리듬을 얻게 된다

사각의 집안, 사각의 침대에서 자고 사각의 식탁에서 밥을 먹고 사각의 보도블록을 지나 사각의 사무실로 출근해 사각의 책상 앞에 앉아야 하는 것이 보통의 현대인에게 주어진 일상이다. 한 번쯤 둥근 자연 속으로 뛰어들어 각이 진 삶을 유연하게 해야 한다.

한 청년이 점심시간을 이용해 사무실과 가까운 공원으로 산책을 하면서 무심코 손목시계를 들여다보니 '천천히 천천히, 시간은 많다' 라고 암시를 주는 것 같았다. 그런데 사무실로 돌아와 책상 앞에 앉자마자 다시 시계를 들여다보니 '빨리 빨리, 시간이 없다' 는 듯 무서운 속도로 가고 있었다.

시계는 정확한 속도로 일정하게 가고 있었지만 청년이 받은 느낌은 달랐다. 사무실로 들어서자 다시금 스트레스와 피로가 몰려오기 시작한다. 현대의 시간 속에 몸이 묶였기 때문이다. 이를 해소할 수 있는 방법은 대자연과 속도를 맞추는 것이다.

따뜻한 날 마음을 편히 갖고 땅에 귀를 대고 소리를 들어보는

것도 좋다. 어느 순간 소리가 들려온다. 나무를 흔드는 바람 소리, 쉬지 않고 이어지는 풀벌레 소리. 마침내 여러 소리들 가운데 조화된 속도가 있다는 사실을 발견하게 된다. 그 순간 몸과 마음은 평온해지고 가벼워진다. 그러나 거리를 달리는 자동차 소리에서는 그 속도를 느낄 수 없다. 소음 속에 가려져 사라졌기 때문이다.

일터인 공장에서도 속도 속의 리듬을 발견할 수 있다. 성실한 직원은 자신 앞에 있는 기계와 리듬과 조화를 잘 맞춘다. 비현실적인 이야기가 아니다. 우리가 기계를 사랑하고 누구보다 잘 알고 있다면 그곳에 리듬이 있다는 사실을 알게 될 것이다. 결국 기계와 조화를 이룬다는 것은 즐거움이 될 것이고 피곤함 따위는 느낄 겨를이 없어진다.

자연에서 터득한 리듬과의 조화는 곧 어떤 일터에서도 연결될 수 있는 삶의 활력이다. 다만 몸과 마음이 가장 편안한 상태에서 시작되어야 한다. 긴장되고 경직된 상태에서는 그 어떤 소리도, 리듬도 잡아낼 수 없기 때문이다. ❖

15...

성공 뒤에도
초심을 잃지 않는 습관

성공은 끝이 아니라 더 큰 성공으로 가는 길목에서의 짧은 기쁨이다

작가 시바 료타로는 일본이 러·일전쟁에서의 승리감에 너무 오래 심취해 있었던 것이 제2차 세계대전의 패배요인이라고 지적하였다. 제1차 세계대전을 계기로 전쟁의 방법이 크게 바뀌었는데도 승리감에만 빠져 변화를 깨닫지 못했다는 것이다.

성공한 사람이 범하기 쉬운 실수 가운데 하나는 성취감에 젖어 그 속에서 헤어나오지 못하는 것이다. 그래서 한 번의 성공은 비교적 쉬울 수 있지만 지속하기란 어렵다.

성장에 성공했다고 자부하는 회사는 그 성장이 멈춰버리는 경향이 있다. 과거의 성공에 안주해서 더 이상 확장하려고 하지 않기 때문이다. 출판사가 베스트셀러를 냈다고 해서 성공한 것은 아니다. 그런데 그 한 번의 반짝 주목 때문에 과거에 너무 집착해서 발전을 못하고 오히려 자멸하게 된다. 베스트셀러를 뛰어넘는 또 다른 책을 위해 아이디어를 계발하고 전열을 정비해야 하는 자세를 잊었기 때문이다.

성공한 다음 날은 초심으로 돌아가야 더 나은 발전이 있다. 지속적인 성공을 이루고 싶다면 어제의 환희는 버리고 또 다른 준비에 박차를 가해야 한다.

경영자나 회사 간부들 가운데는 툭하면 "예전에 우리 회사가 말이지…." "내가 그때는 어땠냐면…." 하는 식으로 과거의 성공담을 들려주려고 한다. 하지만 이것은 이제 성공을 위해 더 이상 발전하지 않겠다고 선언하는 것과도 같다.

과거의 성공에 취해 있지 말고 늘 초심으로 새롭게 시작하는 사람만이 또 다른 성공을 맛볼 수 있다.

흐르는 개울 한가운데 서서 가장 맑은 물을 퍼 담았다고 자랑하는 것만큼 어리석은 일도 없다. ✤

16...

험담보다는 칭찬하는 습관

칭찬은 적을 아군으로 만드는 동시에 스스로를 최고 자리에 앉히는 강력한 무기이다

어떤 사람을 떠올리기만 하면 괜히 험담하고 싶어질 때가 있다. 하지만 곰곰이 따져보면 그 역시 한두 가지 잘한 일과 함께 칭찬받을 만한 일을 한 적이 있을 것이다. 험담보다는 칭찬하려고 할 때 상대는 고마운 존재가 되고 스스로도 넓은 사람이 된다.

'그동안 험담만 했는데 이제는 칭찬을 해야겠어.'

마음가짐을 바꾸는 순간 인간관계는 훨씬 원활해진다. 누군가를 험담하고 싶다면 그와 있었던 일들을 기억하라. 한 번쯤은 그에게서 기분 좋은 말을 들었던 적이 있을 것이다. 이제는 험담 대신 그에게도 칭찬을 할 때이다.

칭찬을 하고 고마운 마음을 전하는 것만으로도 새로운 관계를 시작할 수 있다. 상대를 적이 아닌 아군으로 삼을 수 있는 출발인 셈이다.

남을 험담하고 비난한다는 것은 자신이 그만큼 좋지 않은 상황에 처했다는 증거이기도 하다. 반대로 남을 칭찬하고 고마움을 전하면 그런 위기를 극복하는 전환점이 될 수 있다.

사자가 큰 나무 아래서 낮잠을 즐기고 있을 때였다. 바람이 불어 나무열매가 사자의 얼굴로 떨어지고 말았다. 화가 머리끝까지 난 사자는 복수를 하리라 작정을 했다. 다음 날 수레바퀴에 쓸 재목을 고르기 위해 목수가 찾아왔다. 사자는 수레바퀴에 안성맞춤이라며 그 나무를 베어가라고 일러주었다. 그런데 나무가 쓰러지면서 목수에게 사자의 가죽을 바퀴에 이용하면 질겨서 좋을 것이라고 속삭였다. 목수는 가차 없이 도끼로 사자의 머리도 내리쳤다.

사자가 만약에 나무열매가 떨어진 것은 나무 탓이 아니라 바람 때문이었다고 이해했다면 상황이 어떻게 달라졌을까. 오히려 그늘을 만들어준 나무를 칭찬했다면 결과는 달라졌을 것이다. 험담은 결국 자신에게 돌아오는 날이 선 부메랑과도 같다.

또한 험담은 인생의 브레이크이다. 목적지를 눈앞에 두고 속도를 올려야 하는데 갑자기 브레이크를 밟으면 어떻게 되겠는가? 속도가 줄어들고 방향이 뒤틀려 사고로 이어진다.

칭찬은 인생의 윤활유이다. 자칫 삐걱거릴 수 있는 인간관계를 부드럽게 해주고 자신을 편안하게 만들어준다. 남을 탓하고 자신에게조차 화를 내는 사람을 신뢰할 수 있는 사람은 없다.

한 번쯤 시간은 칭찬하기 위해 가고 있다고 여겨보자. ✤

인간을 비추는 유일한 등불은 이성이며, 삶의 어두운 길을 인도하는 유일한 지팡이가 바로 양심이라는 말이 있다. 이것을 잃어버린다는 것은 곧 올바른 삶의 길을 갈 수 없다는 뜻이다. 자신을 속이지 않고 눈에 보이는 이익보다 더 큰 결과를 추구할 때만이 성공은 빛을 발하는 것이다.

6

습관으로
인생을
변화시켜라

Power of habit

01...

하면 된다고 믿는 습관

미래를 바꿀 수 있는 사고방식 가운데 하나가 하면 된다는 자신감이다

사람에게는 각자의 적성이 있어서 같은 일을 두고도 자신에게 맞는다거나 혹은 맞지 않는다는 그룹으로 나뉘어진다. 자신을 그만큼 잘 파악하고 있다는 증거이기도 하다.

물론 자신의 적성에 대해 잘 모르겠다고 하는 사람도 있는데 이는 자신에 대해 제대로 파악하지 못했기 때문이다. 그러나 자신의 적성을 모른다고 해서 일을 처리하지 못하는 것은 결코 아니다. 그런 경우라도 어떤 일을 시작하면 그런대로 원만하게 처리할 수 있다.

반대로 적성에 맞는다고 뛰어들었는데 실제로는 자신에게 맞지 않아 힘겨워하는 경우도 있다.

직원을 거느리는 일은 자신의 적성에 맞지 않는다고 생각하는 사람이 있다. 하지만 지금까지 그 일을 피해 왔기 때문에 맞지 않는다고 판단을 할 수 있었던 것이다. 어떤 일이든 해보지 않고서는 그 성패를 모른다. 그래서 적성에 대해 어떤 판단을 하고 결론을 내릴 때는 '지금까지' 라는 단서를 달아야 정확한 표현이 되는 셈이다.

내성적인 성격에 사교성도 없어 세일즈와 같은 일은 절대로 못한다고 믿고 있었던 사람이 있다. 그러나 우여곡절 끝에 세일즈를 시작하게 되었는데 차츰 업무에 익숙해지면서 뜻밖에도 자신에게 외향적인 면이 있다는 사실을 발견하게 되었다.

사람들은 은연 중에 '나는 할 수 없다' 는 생각에 실천도 하지 않고 무조건 기피하는 경향이 있다. 자신의 가능성을 스스로 닫아놓은 결과이다. 막상 기회와 자리가 주어지면 지금까지 발휘하지 못했던 능력을 펼치는 예를 우리는 주변에서 적지 않게 볼 수 있다.

'하면 된다' 라는 마인드가 곧 성공철학이다.

어떤 일이나 상황 앞에서 안 된다, 불가능하다, 어렵다고 섣부른 판단을 내리지 말고 긍정적이고 적극적인 마인드로 대응하는 자세가 필요하다.

인간은 태어날 때부터 무한한 능력과 가능성을 갖고 있다. 어떤 일이든 할 수 있다고 믿으며 최선을 다하고 포기하지 않는 강한 정신력 앞에서는 불가능이란 없다. ❀

02...

자신을 다그치는 습관

자신이 시켰다고 생각한 것은 결국 그때의 상황일 뿐이다
얼마든지 돌파구를 모색할 수 있는 판단력은 살아있다

호화 유람선이든 작은 선박이든 구명정은 반드시 구비되어 있기 마련이다. 구명정을 비치할 여건이 못 된다면 튜브라도 매달아 놓는 것이 현실이다. 행여 발생할지 모르는 사고에 대한 최소한의 구급책이다. 그런데 만약 모든 선박에 구명정을 비치하지 말라는 규정이 생긴다면 어떨까? 사고로 인해 목숨을 잃는 사람이 그만큼 더 늘어난다고 생각할지도 모른다. 하지만 그 반대일 수도 있다.

구명정이 없다는 사실을 인식해 선장은 평소보다 더 조심해서 운항을 할 것이고, 배에 탄 사람들도 긴장을 잃지 않고 조심하며 안전사고에 더 신경을 쓸 것이다.

우리는 살아가면서 때로는 자신을 궁지에 몰아넣고 다그치는 훈련을 할 필요가 있다. 차선책이 없고 후퇴할 수도 없는 극한 상황에 자신을 몰아넣고 더욱 강한 생명력으로 키우는 과정이다.

'당신의 뒤에 놓여있는 다리를 불태워라(Burn your bridge behind)' 라는 말이 있다. 자신이 건너온 다리를 불태운다면 다시는 되돌아갈 수 없다. 오직 남은 것은 전진뿐으로 곧 '배수의 진을 친다' 는 의미이다.

만약에 한 걸음도 옮길 수 없을 만큼 지친 상황에서 화재가 발생했다고 가정하자. 불길은 다가오고 곧 죽을 것만 같은 상황이라면 그래도 일어서지 않겠는가? 그대로 자신이 불에 타 죽는 것을 방치할 것인가? 대부분의 사람들은 사력을 다해 도망칠 것이다. 결국 자신이 판단했던 것처럼 전력을 소모해 힘이 빠진 상태가 아니라는 것이다. 자신이 지쳤다고 생각한 것은 결국 그때의 상황일 뿐이다. 아직 여력이 남았으며 얼마든지 돌파구를 모색할 수 있는 판단력은 살아 있다.

질병에 시달릴 때 그것을 고치려고 서두르면 오히려 덧나게 마련이다. 조급한 마음을 버리고 꾸준히 다스리면 질병은 자연스럽게 치유된다. 예상과는 달리 중환자들의 질병이 더 쉽게 낫는다고 한다. 왜냐하면 모든 치료법에서 더 이상의 희망을 찾지 못한 채 오직 자신의 생명력에만 의존하기 때문이다. 모든 통로가 차단되어버린 '배수의 진' 상태에 의해 자연치유력이 발생하기도 하는 것이다.

어떤 일에 봉착했을 때 혹은 실패했을 경우라도 돌아갈 통로가 없다고 생각해야 한다. 자신의 모든 것을 동원해 전념할 수 있도록 모든 통로와 다리를 불태워 버려야 한다. 그런 각오로 임한다면 이루지 못할 성공은 없다. 단지 우리는 새로운 길이 있을 것이라는 막연한 동경과 누군가 구원해줄 것이라는 나약한 꿈에 젖어 있기 때문에 전진하지 못하는 것이다. ✻

03···

기본에 충실하며 사는 습관

기본은 발전의 시작이다. 기본을 모르면 걷기만할 뿐 뛸 생각은 못 한다

인간관계가 힘들다고 하소연을 하는 사람들에게는 공통된 믿음이 있다. 사람들과 의사소통을 원활히 하려면 어떤 고도의 기술이 필요한데 자신은 그 기술이 부족하다고 생각한다. 하지만 결코 의사소통을 위한 고도의 기술이 부족해서가 아니라 누구나 갖고 있어야 할 기본을 망각했거나 지키지 못했기 때문일 뿐이다. 인간관계가 원만한 사람은 사실 기본에 충실했을 뿐이지 어떤 특별한 기술을 발휘해서가 아니다.

의사소통이란 야구경기에서 서로 공을 주고받는 행동과도 같다. 이때의 기본은 상대가 공을 수월하게 받을 수 있도록 던지는 것이다. 공을 받는 사람의 오른쪽 얼굴과 어깨 사이 'ㄴ'자로 된 공간을 겨냥하는 것이 효과적이다. 그래야 상대가 공을 잡아 다음 플레이로 연결하는데 동작을 자연스럽게 할 수 있기 때문이다. 그렇지 않고 반대쪽으로 공을 던지면 상대는 역모션에 걸려 시간을 지체하게 된다.

그렇다면 지금까지 상대가 받기 쉬운 공을 던지고 있었는지 그 반대였는지 곰곰이 생각해 볼 필요가 있다. 행여 받기 까다로운 공만 고집했다면 기본에서 벗어난 행동이 되는 셈이다. 더군다나 자신을 돋보이고자 강속구나 변화구를 시도했다면 결과는 더욱 좋지 않았을 것이다. 왜냐하면 상대적으로 강속구와 변화구일 때 공이 허리 아래로 가거나 아예 땅에 떨어지는 일이 많기 때문이다.

자신을 드러내고자 애쓰지 말고 상대가 받기 쉬운 공을 던지는 것이 기본이다. 상대에게 순조롭게 전달된 공은 두 사람을 위한 것이든 팀을 위한 것이든 분명 플러스로 작용된다.

기본이 없으면 응용은 기대할 수조차 없다. 어떤 분야이든 최고의 달인은 바로 그 기본을 탄탄히 갖춘 사람에게 붙여주는 칭호이다. ✤

04...

적극성을 실천하는 습관

생각을 행동으로 옮기는 실행력과 적극적인 자세가 무엇보다 중요하다

옛말에 '네가 남에게 받고 싶고 원하는 만큼 남에게 베풀라'는 말이 있다.

내가 원하는 만큼 많은 사람들도 그 정도의 것을 바라는 법이다. 그래서 상대의 입장이 되어 생각해 보는 습관, 그리고 아무리 사소한 일일지라도 그 생각을 행동으로 옮기는 실행력, 이 두 가지는 대단히 중요한 일이다.

그리고 또 한 가지 중요한 것은 적극성이다. 소극적인 사람이 적극적으로 되는 비결은 먼저 선수를 치는 것이다. 물론 소극적인 사람에게는 이것이 가장 힘든 것이다.

다른 사람 앞에서 말을 할 때도 우선 결론부터 제시하는 습관을 들여야 한다. 연회석이나 회의석상이라면 더더욱 서두에 결론부터 매듭짓듯 말하는 것이 효과적이다. 왜냐하면 그런 다음 이야기를 풀어나갈 경우 더 많은 집중과 관심을 받을 수 있기 때문이다.

만약에 직원이 사장에게 업무결과를 보고할 때 내용이 좋지 않다고 가정을 해보자. 그럴 경우 직원은 보고하기가 꺼려질 것이고 괴로워할지 모른다.

그런데 그가 소극적이고 나약한 성격이라면 '저, 실은…'라는 자신 없는 투의 서두부터 꺼낼지도 모른다. 혹은 변명부터 늘어놓거나 이리저리 핵심을 피하려고 횡설수설할 수도 있다.

어느 정도 변명거리를 준비했다면 일단 먹혀들지도 모른다. 하지만 그 변명은 난감한 상황을 피하고자 하는 임시방편에 불과하다. 그런 직원의 자세를 눈치 챈 사장이라면 당장 '그래서 어찌 되었다는 거지?' 라고 언성을 높이게 될 것이다. 결국 그런 상황이라면 나약한 직원은 더욱 당황해 고개를 숙이고 눈치만 살피게 된다. 가장 최악의 상황이고 쉽게 수습할 수 없는 결과를 초래하는 순간이 되고 만다. 사장이 속으로 '저 친구는 안 되겠군. 쓸 만한 인재가 될 수 없겠어!' 라고 생각했다면 좋은 평가가 나올 수가 없다.

그러므로 적극성을 몸에 익히기 위해서는 일단 결론부터 언급하는 것이 포인트라 생각된다. 그리고는 상대의 기선을 제압하도록 해야 한다. 다시 말해 상대를 향해 먼저 이쪽에서 결과를 제시해 반응을 살펴보는 것이다. 그러면 상대는 당연히 그것에 대해 '어떻게 그런 결과가 나왔지?' 라며 되물어오게 된다.

매사에 우유부단하지 않고 선수를 쳐서 행동하는 자세가 중요하다. ✤

05..

일을 세분해서 해결해가는 습관

끝이 보이지 않는 길도 최선을 다해 이어가는
한 걸음 한 걸음이 모이면 얼마든지 도달할 수 있다

1. 냄비에 스파게티 면을 3분 정도 삶아 그릇에 따로 담아둔다.

2. 버터를 녹인 팬에 썰어놓은 양송이버섯과 양파를 살짝 볶는다.

3. 그 위에 토마토소스를 넣어 끓이다가 삶아두었던 스파게티 면을 넣고 2분간 더 볶는다.

복잡해 보이는 스파게티 요리과정이지만 나눠서 생각해 보면 단순해진다.

하나하나의 과정만 놓고 본다면 마치 컵라면을 끓이는 일과 다르지 않다는 뜻이다. 대규모의 획기적인 프로젝트가 아닌 이상 대부분의 일은 단지 그 과정이 많을 뿐 난이도에서는 차이가 없다는 생각이 중요하다.

놀이동산을 건설하는 기획을 맡았다고 하자. 누군가는 엄청난 규모 때문에 시작부터 스트레스를 받을 수 있다. 왜냐하면 설계에서부터 관련 회사와 도급 회사는 물론 광고나 디자인 같은 예술적인 분야에도 신경을 써야 하기 때문이다. 또한 관계 관청과 지역

주민들과의 교섭 등 결코 쉽지 않은 일까지 해결해야 한다. 그러나 이 모든 것을 하나로 생각했기 때문에 일의 중압감에 시달리는 것이다.

아무리 큰일이라도 세분해 보면 단순화시킬 수 있다. 계획을 세우고 전화를 걸어 약속을 하고 사람을 만나 대화를 나누는 일이 모인 것에 불과하다는 마음가짐이 중요하다. 큰일은 작은 일들이 모인 결과라고 여겨야 한다.

전체를 부분으로 나눠 생각하는 것이 언뜻 전체의 계획과 모순된다고 여길지도 모른다. 그러나 부품 하나하나의 조립에 최선을 다하는 것은 전체를 완성하기 위한 계획을 치밀하게 실행하는 과정이다.

수백 혹은 수천 개의 부품이 있다고 해서 그 가짓수에 겁을 먹을 필요는 없다. 하나씩 조립해가는 과정 속에서 그 중압감은 완성이라는 기쁨으로 바뀌기 때문이다. 그렇게 최선을 다하다 보면 성공이 곧 눈앞에 드러나게 된다. ✤

아이디어를 메모하는 습관

평상시 머리에 떠오르는 착상을 중시하는 습관을 몸에 익히도록 해야 한다

작은 일을 알아야 큰일을 알고
얕은 곳을 건너봐야 그 깊이를 헤아린다.
이는 지혜의 근본이다.

이 말의 의미는 개미구멍으로도 제방이 무너진다는 속담과 흡사한 의미로 사소한 것을 소홀하게 여겨서는 안 된다는 교훈이다. 무슨 일이든 얕은 곳에서부터 점차 깊은 곳으로 도달하게 되어 있다. 그러므로 부족하고 대수롭지 않게 보이는 일도 무시하지 않는 것이 지혜의 근본임을 가르치는 말이다. 그렇다고는 하지만 우리는 아무래도 사소한 일들을 너무 가볍게 여기며 살아가고 있다.

예를 들어 평상시 별로 대수롭지 않게 떠오르는 것, 다시 말해 갑자기 머릿속을 스치며 떠오르는 아이디어 같은 것이 그러하다. 이런 것은 흔히 무시하기가 쉽다. 어쩌다가 모처럼 떠오르는 아이디어임에도 불구하고 그것을 자신의 것으로 붙잡아 두려고 하지 않는 것이다. 이 작은 착상이야말로 중요한 것이다. 동서고금을 막론하고 발명이나 발견들은 모두가 이러한 순간적인 착상에서 비롯된 것이기 때문이다.

아이디어라 하는 것은 언제 어디서 떠오를지 알 수 없다. 그리고 그것이 언제까지나 마음속에 남아있으리라는 보장도 없지 않은가. 즉, 필요할 때 언제라도 끄집어 낼 수 있는 것이 아니다.

그러므로 때와 장소를 불문하고 머리에 떠오르는 아이디어는 어떠한 형태로든 보존해 둘 필요가 있다. 그러기 위해서는 언제나 필기구와 종이를 몸에 지니고 다니는 습관이 필요하다.

그리고 아이디어만 떠오르면 즉시 다른 일을 제쳐놓고 메모를 해두는 것이 좋다. 그리고 그 종이에 메모된 것을 적당한 시기에 다른 노트에 옮겨 적으면 된다. 이 노트가 바로 자신의 아이디어 수첩인 셈이다.

종이에 기록하는 효력은 대단하다. 모든 신경이 그곳으로 집중되기 때문이다. 자신의 마음에도 그것을 기록하는 것과 같다. 마음에 기록하는 것, 즉 그것은 마음에 새겨진 것이므로 잘 기억할 뿐만 아니라 흘려들은 경우보다도 훨씬 더 오랫동안 정확하게 기억될 것이다.

앞에서 언급한 아이디어 노트는 평상시에 자주 펼쳐봄으로써 그것을 잠재의식에 새겨 두도록 한다. 그렇게 하면 어느 사이엔가 그 아이디어가 점차 실현될 것이다. 이것이 바로 잠재의식의 작용이다. 때문에 평상시 머리에 떠오르는 착상을 중시하는 습관을 몸에 익히도록 해야 한다. ❖

07

상대방을 칭찬하는 습관

상대의 장점을 칭찬해 주는 것이 필수조건이다
그것은 자신의 안전을 위해서도 필요하다

인간관계에도 중요한 법칙이 있다. 그 중에서도 상대를 칭찬하는 것을 습관화할 수만 있다면 모든 분쟁을 피할 수 있다.

상대에게 자신감을 불어넣어 주고 칭찬을 아끼지 않는다면 상대방은 희망에 부풀 것이며 따라서 당신도 행복해질 수 있을 것이다.

미국의 심리학 교수인 윌리엄 제임스는 인간성의 근원을 이루는 것은 타인에게 인정받고 싶은 소망이라고 단언하고 있다. 이 소망이 인간이 동물과 구별되는 점이며, 인류의 문명도 인간의 이 소망에 의해서 진전되어 온 것이 아닌가 싶다.

기독교에서는 그것을 다음과 같이 설명하고 있다.

'남으로부터 받고 싶은 모든 욕망을 그대가 먼저 상대방에게 행하라.'

인간은 누구나 주위로부터 인정받고 싶어 한다. 비록 미미한 부분이라도 자신이 중요한 존재라는 것을 느끼고 스스로의 진가를 확인하고 싶은 것이다. 빤히 들여다보이는 아첨은 듣고 싶어 하지 않는다. 그러나 진심에서 우러나는 칭찬에는 굶주려 있다. 진심으로 인정하고 아낌없이 해주는 칭찬을 받고 싶은 것이다.

여기 미국의 심리 상담 칼럼리스트인 도로시 딕스가 남긴 교훈을 소개한다.

'칭찬에 능숙하게 될 때까지는 절대로 결혼해서는 안 된다. 독신으로 있을 때는 여성을 칭찬하든 말든 자유이지만 일단 결혼을 하게 되면 그날부터 상대의 장점을 칭찬해주는 것이 필수조건이다. 그것은 자신의 안전을 위해서도 필요하다. 결혼생활은 외교와도 같은 것이기 때문이다.'

만족스러운 가정을 꾸리고 싶다면 결코 아내의 일에 대해서 비난을 하거나 자기 어머니와 비교하지 말아야 한다. 반대로 언제나 아내의 알뜰함이나 센스 있는 감각을 인정해 주고 그런 아내를 맞게 된 것을 행복하게 생각하고 떳떳하게 기뻐해야 한다. 그렇게 하면 아내는 최선을 다해 남편과 아이들을 위해 가정을 꾸려나갈 것이다.

이것은 단순히 가정생활에만 국한되는 얘기가 아니다. 직장에서도 사회생활에서도 나름대로 응용하여 활용할 일이다. ❁

08…

고난을 슬기롭게
극복하는 습관

고난의 두려움을 보다 넓은 길로 가기 위한 시련으로 삼겠다는 용기가 필요하다

고난과 역경 그리고 어떤 절망이든 시련은 늘 끝이 있다. 우리를 끝없는 고통으로 몰아가는 듯 하지만 언젠가는 끝이 나기 마련이다. 시련 속에서 인내를 배우고 미래를 밝히는 지혜를 발휘하면된다. 우리를 두렵게 만드는 대상들은 항상 우리와 함께하고 있다는 점을 잊지 말아야 한다. 그래서 많은 시간과 지혜가 필요한 법이다.

오스트레일리아는 날씨가 온화하여 연중 꽃이 피는 나라이다. 그래서 한 때 유럽에 있는 꿀벌을 수입하여 방사한 적이 있다. 그랬더니 첫해에는 꿀을 많이 모으던 꿀벌들이 그 다음해부터는 꿀을 모으지 않았다고 한다. 그 이유는 벌은 꽃이 없는 겨울을 위하여 꿀을 저장하는 것인데, 일 년 내내 꽃과 꿀이 있으니 저장해 둘 필요가 없었던 것이다.

겨울의 찬바람과 추위를 겪어야만 아름다운 꽃을 피우는 식물이 있다. 춘란이나 진달래를 겨울 동안 따뜻한 온실 안에서만 키우면 봄이 와도 꽃을 피우지 않는다. 겨울의 찬바람을 쏘이고 얼기도 해야 이듬해 봄에 아름다운 꽃을 피우는 것이다. 난초 재배가들은 아름다운 꽃을 피우기 위해 재배조건을 악화시켜 자극을 주는 방법을 흔히 쓴다. 가을에 강한 햇빛을 쏘이면서 15일 가량 물을 주지 않고 시들게 하면 난은 이듬해에 아름다운 꽃을 피운다고 한다.

한 번씩 시들게 하고 겨울에는 찬바람도 맞게 해야 이듬해에 아름다운 꽃을 피우는 식물처럼 사람도 시련과 고난을 겪을 때 더욱 크게 성장할 수 있다.

고난을 슬기롭게 극복하는 지혜는 바로 포기하지 않는 자아를 세우는 일이다. 또한 두려움을 보다 넓은 길로 가기 위한 시련으로 삼겠다는 용기도 필요하다. 우리가 크든 작든 어떤 고난을 극복한다면 몸과 마음은 그만큼 단련되어 모든 두려움을 이겨낼 수 있다. 비록 보잘 것 없고 확신을 주지 못하는 작은 틈일지라도 스스로 발견한 그 길은 기대보다 더 찬란한 빛을 보장해 줄 것이다. ✤

09...

매너리즘에 빠지지 않는 습관

오늘 하루를 어떤 것에서부터든 행동으로 옮겨보사
그것은 반드시 장래에 자신의 실력이 될 것이다

일생을 바쳐 할 일이 있다는 것은 가장 즐겁고 멋진 일이다. 반면에 세상에서 가장 쓸쓸한 것은 할 일이 없다는 것이다.

활기를 자극하는 일이 없다면 산다는 것은 정말 시시하기 짝이 없다. 따분한 것이 고통스러워 견딜 수 없고 무미건조함에 삶의 의미마저 상실할지 모른다.

인간의 두뇌는 한 가지 일을 계속하게 되면 거기에 숙달되게 된다. 그런 만큼 능률도 상승하지만 그 반면에 사고방식이나 행동은 저하되는 경향이 강해지게 마련이다.

이것은 도저히 회피할 수 없는 상황이다. 요컨대 지금까지 해온 행위가 숙달됨과 동시에 어느덧 나태함을 불러일으키게 된다는 말이다. 이른바 매너리즘에 빠지는 현상이다. 점점 그 일에 싫증을 느끼게 된다. 즉, 따분해서 견딜 수 없다는 상태에 도달하는 것이다. 이렇게 되면 '새로운 방식으로 해보자.' 하는 의욕이 생기기 어렵게 된다. 결국 능률은 두드러지게 저하되어 갈 뿐이다.

이런 매너리즘, 나태함에 빠지지 않기 위한 대책은 없는가.
먼저 다음과 같은 것을 시험해 보면 어떨까.

1. 쉬운 것에서부터 어려운 것으로
2. 단순한 것에서부터 복잡한 것으로
3. 예전에 체험한 것에서부터 처음 하는 것으로
4. 단시간 내에 처리할 수 있는 것에서부터 장시간을 요하는
   것으로
5. 필요한 것에서부터 지금 당장은 필요하지 않은 것으로
6. 잘하는 것에서부터 못하는 것으로

그렇게 한다면 점점 재미도 생기게 되고 자신감도 갖게 되므로 기분도 좋아지게 된다.

도전의 용기도 계속하고자 하는 끈기도 먼저 행동으로 옮긴 후에 생기게 된다. 뜻한 대로 잘 이루어지지 않는 일일수록 그것을 실현하게 되었을 때의 성취감이란 그 어떤 것에서도 느낄 수 없는 뿌듯함을 맛보게 된다. 오늘 하루를 어떤 것에서부터든 행동으로 옮겨보자. 그것은 반드시 장래에 자신의 실력이 될 것이다. 그리고 그것이야말로 자신을 성장시켜 성공을 거머쥐기 위한 가장 최고의 확실한 방법이 되어 줄 것이다. ❊

10...
거절할 줄 아는 습관

지신의 위치에 합당한 처세술을 펴나가는 것이야밀로
진정 제몫을 찾아가는 길이다

거절한다는 것은 중요한 처세술의 하나이다. 하지만 그 전에 자신이 용납하지 않는 일이나 자기 자신을 거부하는 일이 무엇인지 아는 것은 더욱 중요하다.

그러므로 자신에게 부적당한 일에 종사하는 것은 아무것도 하지 않는 것보다 더욱 나쁜 일이다. 더욱이 자신의 능력에 부치는 일이라면 과감히 거절할 줄도 알아야 한다.

중책이 떠맡겨지는 지위에 올랐다면 선임자를 압도할 만한 분명한 자신감이 없어서는 처신할 수 없다. 선임자와 어깨를 겨루는 것만으로도 선임자의 배의 기량이 필요하다.

그러므로 선임자의 명성을 일축할 만한 뛰어난 기량과 포용력을 지니지 않으면 안 된다. 자신감이 없는 사람이 책임 있는 지위에 오르게 된다면 과감히 거절하는 것이 바람직하다. 취임 후 실적을 올릴 수 없다면 선임자가 쌓아 놓은 공조차도 상실하기 때문이다.

창작한 자와 그의 모방자, 그리고 그의 추종관계를 분석해 본다면 그 이치를 쉽게 이해할 수 있을 것이다. 흔히 우리는 상표나 식당의 간판 앞에 요란하게 붙어있는 원조라는 말의 남용을 보게 된다, 그러나 추종자가 아무리 뛰어난 기술을 발휘하여 고객을 끌어들인다 해도 진짜 원조를 쉽게 구분할 수 있다. 진짜 기량이 있다면 남의 흉내 따위로 성과를 높이려고 해서는 안 된다. 자신의 지위에 맞는 자신만의 기량과 성과에 집착하여 자신의 위치에 합당한 처세술을 펴나가는 것이야말로 진정 제몫을 찾아가는 길이다.

거절해야 할 때 거절할 줄 아는 처세술이야말로 진정 자신을 아끼고 사랑할 줄 아는 현대인의 처세술이다. 결코 지위에 연연해하는 좀벌레가 되어서는 안 된다는 사실을 다시 한 번 강조해 두고 싶다. 자신을 지킬 줄 아는, 자신만의 소중한 지위를 쌓아올릴 수 있는 사람이야말로 모든 사람에게 환영받을 수 있다. ✤

11..

긍정적 마인드를 갖는 습관

처음에는 본심이 아닌 인기라도 좋으니까
낙천적으로 행동하여 밝은 사고방식을 몸에 익히도록 하자

세계를 정복했던 칭기즈칸은 말했다.

"성을 쌓고 사는 사람은 반드시 망할 것이며, 끊임없이 이동하는 사람만이 살아남을 것이다."

인간은 앞을 향하고 있는 것 같아도 실상은 뒤를 보고 있다는 말이 있다. 우리들은 매사를 적극적으로 생각하는 듯하지만 어쩔 수 없이 소극적인 방향으로 흐르기 쉽다는 의미이다.

적극적인 사고방식과 소극적인 사고방식을 조정하는 뇌의 움직임은 전혀 다르다고 한다. 밝은 쪽으로 생각하면 기분도 즐겁다. 그러므로 혈액순환이 원활해져 몸의 컨디션도 좋아진다. 집중력도 증가되므로 좋은 아이디어도 쉽사리 떠오른다.

반대로 어두운 쪽으로 생각하게 되면 무엇보다 우선 불안이 크게 자리 잡는다. '이래도 안 되고 저래도 안 돼. 무엇하나 잘 되어가는 게 없어.' 라는 식의 걱정에만 빠지게 되는데 이럴 경우 머릿속만 혼란해질 뿐이다.

이런 심리 상태에서는 그 어떤 일도 잘 될 수가 없다. 하고자 하는 일이나 생각마다 고난의 연속이고, 그 때문에 늘 컨디션도 나쁘게 된다. 또한 항상 속이 쓰리고 두통도 떠나지 않아 매사에 의욕이 없어진다.

회사에서 지방으로 전근명령을 받았다고 가정을 하자. 이때 '최악이군. 그런 시골구석에 처박히게 되다니 난 정말 운이 없는 놈이야!' 라고 받아들인다면 부정적 사고형의 인간에 속한다. 이런 타입은 미래에도 계속 출세커녕 발전조차 하지 못하게 된다.

현재 회사에서 상당한 지위에 앉아 있는 사람도 지금까지 걸어온 길이 순풍대로만은 아니었을 것이다. 전근에 또 전근을 되풀이하고 때로는 상사로부터 뼈아픈 소리도 들었을 것이다. 하지만 꿋꿋하게 모든 시련을 이겨내고 지금의 위치에 부상해 있는 것이다. 이런 사람은 예외 없이 긍정적 사고형의 인간이다.

인생이 고달픈가, 행복한가는 그 상황에 의해 결정되는 것은 아니다. 자신의 마음 하나에 달려 있음은 누구든지 익히 알고 있는 사실이다.

그렇기 때문에 같은 전근명령을 받았을지라도 긍정적 사고형의 인간은 그것을 달리 해석하게 된다.

'지방도 나쁘지 않아. 거기서 실적을 올려 나의 존재를 뚜렷하게 부각시키자. 어쩌면 두각을 나타낼 수 있는 절호의 기회일지도 모른다. 이곳에 비하면 공기도 좋고 다소 자유로운 시간을 만들 수도 있어. 좋다, 한 번 해보자!' 라고 적극적으로 받아들이는 것이다.

매사에 소극적인 태도로 끌려가듯 임한다면 새로운 길이 열릴

리 만무하다. 처음에는 본심이 아닌 연기라도 좋으니까 낙천적으로 행동하여 밝은 사고방식을 몸에 익히도록 하자. 그러기 위해서라도 가능한 한 적극적인 사람과 교제하는 것도 바람직하다. 유유상종이란 말도 있지 않은가. ✤

문제의 외곽에서
핵심을 바라보는 습관

어려운 문제에 부딪히면 우선 문제점을 확실하게 메모해 두는 것이 좋다

인간이란 어떤 교육을 받든 불완전한 존재이다.

과연 맞는 말이라 생각한다. 완전한 사람이란 존재하지 않기 때문이다.

오랜 세월 수행을 거듭해 온 스님조차도 좌선을 하고 있을 때 여러 가지 잡념이 머릿속에서 떠나지 않는다고 한다. 도저히 무념무상의 경지에 도달할 수 없다는 것이다.

그래서 어떤 고승은 수첩을 지참하고 좌선에 들어간다고 한다. 좌선을 하고 있을 때 잡념이 떠오르면 그 자리에서 메모를 하기 위해서이다. 그때마다 적어보면 다시는 같은 잡념에 사로잡히는 일없이 좌선에 집중할 수 있다는 것이다.

이런 식으로 메모지에 기록해 두는 것은 커다란 의의가 있다고 생각한다.

우리들은 때때로 난관에 부딪힌다. 그리고 아무리 생각해도 해

결책이 생각나지 않을 때도 종종 있게 마련이다. 그러므로 생각에 생각을 거듭해도 해결책이 보이지 않을 때는 일단 그 문제에서 떠나보는 것이 바람직하다.

다만 그 문제의 요지는 확실하게 수첩에 기록해 두도록 한다. 이렇게 해서 문제점을 잠재의식에 또렷하게 새겨두는 것이다. 그렇게 하면 전혀 생각지도 못했던 해결책이 떠오르게 된다.

언뜻 생각하기에는 이러한 해결책은 자신은 조금도 애쓰지 않은 가운데 저절로 답을 얻어낸 것 같이 생각될지도 모른다. 그러나 그렇지 않다. 인류에게 주어진 만능의 힘인 잠재의식이 작용한 결과인 셈이다.

대뇌 생리학의 세계적 권위자였던 무라야마 교수는 다음과 같이 언급하고 있다.

"인간의 기억력이란 어설프게 어중간한 해답을 얻으면 그것이 올바른 해답으로 착각하는 경우가 있다. 그리고 그 문제를 깨끗이 잊어버리게 되는 것이다."

또한 "우리들이 어려운 문제에 봉착했을 때 그 자리에서 임시변통을 하기 위해 어정쩡한 해답을 구하는 것은 그리 좋지 않다."고 지적하고 있다. 왜냐하면 일단 해답을 구했다는 심정이 들기 때문이란다.

이것은 자칫하면 그것이 해결책인 양 착각하게 된다. 그렇게 되면 잠재의식 속에는 새겨지지 않게 된다. 잠재의식 속에 새겨지지 않는다면 문제 해결의 힌트가 눈앞에 다가왔을지라도 반응을 하지 않게 되는 것이다.

그러므로 어려운 문제에 부딪히면 우선 문제점을 확실하게 메모해 두는 것이 좋다. 그리고 그 문제에서 일단 떠나 다른 일을 해 보도록 한다. 그렇게 하면 잠재의식의 힘에 의하여 멋진 해결책이 떠오르게 될 것이다. ✿

13...

마음을 건강하게 갖는 습관

마음을 건강하게 갖고 항상 전체를 보는 습관을 갖는 것이 중요하다

토모미는 컨설턴트 회사에서 프리랜서로 강연활동을 하고 있었다.

그녀는 언제나 미소를 잃지 않는 밝은 표정으로 기운차게 강연을 하였다. 그러나 그녀는 무부성괴사(뼈가 썩어가는 병)라는 난치병과 투쟁하고 있었다. 그녀가 16세 때 그 난치병에 걸린 것이다. 손톱이 뿌리부터 곪아서 무서운 통증이 나날이 계속되었으며, 이가 흔들거리며 하나 둘 빠졌다. 머리카락도 빠져나갔다.

20세의 봄에는 최악의 상태였다. 체중은 22kg이고 혈압은 60~30, 수혈을 받으면서 간신히 목숨만 부지하고 있었다. 부모를 원망하고 신마저 저주하는 고독하고 긴 투병생활이 계속되었다.

그런 던 어느 날, 그녀의 운명이 돌변한 것이다. 그것은 대학교수와의 만남 이후부터였다.

"아니, 온몸을 앓고 있다고 들었는데 손은 움직일 수 있네. 눈도 잘 보이고, 귀로도 잘 듣고 있지 않소."

그의 질문은 연달아 튀어나왔다.

"걱정할 것 없고, 당신 몸은 90퍼센트가 정상이라오."

이 말을 들은 순간 그의 머릿속에 맴돌고 있던 검은 구름이 삽시간에 사라졌던 것이다.

몸이 아프다고는 하지만 생각해 보면 아픈 것은 몸의 일부분에 불과한 것이었다.

산다는 것 자체를 단념했던 그에게 새로운 인생이 시작되었던 것이다. 그러자 뜻밖에도 이상한 일이 벌어졌다.

썩어가고 있던 손톱이 다시 돋아나기 시작한 것이다. 머리카락도 돋아났고, 격심한 통증도 점차 약해졌던 것이다. 그녀를 갉아먹고 있던 난치병이 활동을 멈춘 것이다.

자칫 일부분의 안 좋은 부분만 보고서 그것이 마치 전체인 것처럼 착각에 빠지기 쉽다. 무엇보다 마음을 건강하게 갖고 항상 전체를 보는 습관을 갖는 것이 중요하다. ❀

14..

좋은 친구를 사귀는 습관

좋은 사람을 만나면 좋은 결과를 얻는다

공자는 '익자삼우(益者三友), 손자삼우(損者三友)'라고 말했는데, 유익한 친구와 해로운 친구에는 각각 세 종류가 있다는 뜻이다. 정직한 사람, 성실한 사람, 견문이 풍부한 사람을 친구로 삼는 것은 유익하다. 그 반대로 아첨하는 사람, 사람관계가 부드럽기만 한 사람, 입만 살아 있는 사람을 친구로 갖는 것은 해롭다고 했다.

우리는 자신에게 아부만 하는 아무 쓸모없는 사람이라도 친구로 삼고 싶어 하는 심리가 있다. 왜냐하면 자신의 단점을 지적하는 사람보다는 무언가 칭찬을 해주는 사람을 주변에 두고 싶기 때문이다. 그래서 공자는 "좋은 약은 입에 쓰지만 병에는 이롭고, 충언(忠言)은 귀에 거슬려도 행(行)에 이롭다."고 가르치고 있다. 손우(損友), 악우(惡友)와 교제하지 말고, 익우(益友)와 선우(善友)를 마음의 친구로 해야 한다.

대표적인 서정시인 히로시는 친구의 정의에 대해 이렇게 말했다.

244

꽃 같은 친구 – 순풍일 때는 기꺼이 다가오지만 어려울 때가 되면 사라지는 친구

저울 같은 친구 – 늘 재산이나 신분의 경중을 재며 이쪽에 붙었다 저쪽에 붙었다 하는 친구

산 같은 친구 – 아무 말이 없어도 곁에 있는 것만으로도 다정함과 따뜻함을 느낄 수 있는 친구

땅 같은 친구 – 어떻게 하면 어느 정도 보답을 받을 수 있을까 하는 계산 없이 일방적으로 주는 친구

'나는 과연 어떤 친구를 갖고 있나?'에 대해 한 번쯤 생각해 보라. 그리고 '나는 누군가에게 어떤 친구가 되고 있나?'에 대해서도 고민해 봐야 한다.

불가에는 다봉성인(多逢聖人)이라는 말이 있다. 좋은 사람을 만나면 좋은 결과를 얻는다는 뜻이다. ✤

15..

양심과 성실함을 다하는 습관

우리는 어떤 일을 할 때 온갖 이유를 들어 대충 처리하려는 나쁜 습관을 간혹 보인다. 시간이 없어서 혹은 남들이 그렇게 하니까 어쩔 수 없다는 핑계를 달기도 한다. 하지만 이런 자세는 자신의 소중한 시간을 갉아먹는 정신의 해충이다. 언젠가는 자신의 일에서 영원히 손을 놓게 되는 결과도 불러올 수 있다.

늘 새벽부터 바쁜 도공이 있다. 그는 잠에서 깨자마자 작업장으로 나와 반죽된 흙을 고르고 도자기를 빚는 일을 시작했다. 그는 자신이 빚은 도자기가 마음에 들지 않으면 미련 없이 뭉개버리고 다시 처음부터 시작했다. 그렇게 새벽부터 도자기를 만들었지만 철저한 그의 성격 탓에 늘 주문량을 채우지 못했다.

그는 도공 중에서도 이름이 꽤 알려져 있어 그의 작품을 찾는 사람들이 줄을 설 정도였다. 어느 날인가 그의 제자가 그만하면 사람들이 잘 모르고 또 흠이 있더라도 앞다투어 사겠다고 하는 처지인데 왜 시간을 낭비하느냐고 평소의 불만을 털어놓았다. 그러나 도공은 완고한 자세로 대답했다.

"난 시간이 걸리더라도 아주 오랫동안 사람들이 바라봐줄 작품을 만들 뿐일세."

도공은 자신의 철칙을 굳게 믿었다. 따라서 그의 명성은 더욱 알려졌고 작품은 더욱 가치가 인정되었다.

모든 일에 있어서 양심과 성실함을 다한다는 것은 더 튼튼한 미래를 보장받는 일이다. 양심이 있다는 것은 스스로에게 부끄럽지 않다는 깨달음을 갑옷처럼 입는 것이다. 그 무엇도 두렵지 않게 하는 든든한 방어막이며 일생의 친구인 셈이다.

인간을 비추는 유일한 등불은 이성이며, 삶의 어두운 길을 인도하는 유일한 지팡이가 바로 양심이라는 말이 있다. 이것을 잃어버린다는 것은 곧 올바른 삶의 길을 갈 수 없다는 뜻이다.

자신을 속이지 않고 눈에 보이는 이익보다 더 큰 결과를 추구할 때만이 성공은 빛을 발하는 것이다. ✿

16...

중용의 덕을 갖추는 습관

어느 한편에 치우침이 없이 중도를 걸어야 한다

사람을 부릴 때에는 중용(中庸)을 마음에 새겨두어야 한다. 부당하게 어느 한쪽에 편들지 않고 중도를 걷는 것이다.

젊은 사람은 혈기왕성해 하나의 일에 누구보다 열중하게 된다. 하지만 일단 잘못 들어선 길이라면 돌이키기 힘들기 때문에 적절한 길잡이를 해줘야 한다. 특히 젊은 사람을 부리고 있는 경영자나 지도자라면 그 일에 더욱 신경 써야 한다.

그렇다면 어떤 마음가짐으로 사람을 부리고 부하직원을 통솔할 것인가? 인, 의, 예, 지, 신이라는 덕목이 있다. 인간의 길을 지키는데 중요한 마음가짐의 항목이다. 그러나 이것들도 지나치게 지키면 곤란하게 된다. 옛날 사람은 이것을 경계해서 이렇게 말하고 있다.

인(仁)에 지나치면 약해진다.
의(義)에 지나치면 굳어진다.

예(禮)에 지나치면 빠져버린다.

지(智)에 지나치면 거짓을 만든다.

신(信)에 지나치면 손해를 본다.

인이라는 것은 박애, 측은지심이라는 것으로 이것도 지나치면 다른 사람에게 의지하게 되어 약해져 버린다는 것이다.

의리도 그렇다. '의리'라거나 '대의를 위하여'라고 얽어매져 탄력적인 사고방식이나 행동이 생기지 않고 굳어져서 움직일 수 없게 된다.

예, 즉 예의도 중요하지만 이것도 지나치게 공손하면 아첨이 되어버린다.

지도 중요하지만 너무나 지식에 빠져버리면 머리 회전이 빨라서 거짓을 만들게 된다.

신도 중요하여 없어서는 안 되는 것이지만 너무나도 지나치게 사람을 믿으면 뜻하지 않게 손해를 본다.

용기도 그렇다. 이것도 지나치면 폭력이 된다.

'지나치면 부족함만 못하다.'고 중용에서 말하는 것은 어지간히 어려운 일이다. 사람 위에 선 자는 자기 자신도 이 중용을 마음가짐으로 삼고 똑같이 부하직원을 지도하여야 한다. ❇

17..

세 명의 스승을 만드는 습관

인생의 스승을 만난다는 것은 나 또한 누군가에게 훌륭한 길이 된다

세 사람이 함께 길을 가면 반드시 스승이 될 만한 사람이 있다는 말이 있다. 멀지 않은 곳에 인생의 길잡이가 될 존재가 있다는 뜻이다.

항상 신경질적이고 무리한 일만 시키는 상사 역시 마음먹기에 따라서는 소중한 경험을 할 수 있게 해주는 스승이 된다. 만나는 사람으로부터 무언가를 얻고 배울 수 있다면 누구나 인생의 폭과 깊이를 배가시킬 수 있는 기회가 되기 때문이다.

인생에는 세 명의 스승이 필요하다.

그 첫 번째가 인생의 스승이다. 인생의 스승이란 삶의 방식에 강한 영향을 주는 사람을 말한다. 우리는 살아가면서 수많은 인생의 갈림길에 놓이게 되는데 선택 앞에서 누구나 망설이게 된다. 이때 적절한 조언과 길잡이를 해주는 사람이 바로 인생의 스승이다.

인생의 스승은 진지하게 인생을 생각하고 현실적인 삶의 방식을 갖고 있어야 한다. 행여 일확천금을 꿈꾸거나 흥망성쇠가 심한

사람은 스승으로서의 자격이 없다. 현실적이지만 꿈과 소망을 잊지 않고 항상 젊은 마음으로 사는 사람이 가장 적합하다.

두 번째 일의 스승이다. 일의 스승이란 자신의 일에 대해 여러 가지로 가르침을 주는 선배나 상사 등이 해당된다. 능력이 뛰어난 선배나 상사를 만나게 되면 자신도 모르는 사이 그 영향을 받아 실력향상을 꾀할 수 있다. 실력이 부족한 상사 밑에 있으면 능력이 있어도 빛을 발하기 어렵다.

일의 스승은 무엇보다 능력이 있어야 하는 것이 필수조건이다. 일을 아무리 잘해도 다른 사람에게 배우는 것을 싫어하고 가르쳐 주는 일 역시 미숙하면 곤란하다. 가르친다는 것도 그 사람의 인간성을 반영하는 것이라 보다 능숙한 편이 좋다. 일을 잘하고 인간적으로도 존경할 수 있는 사람이 제격이겠지만 문제는 그런 사람을 빨리 찾아내어 스승으로 삼는 것이다.

마지막으로 취미의 스승이다. 취미의 스승이란 다양한 개인의 취미에 여러 가지 도움을 주는 사람이다. 취미는 인생을 보다 풍요롭게 하는 활력소와 같은 것이다. 취미가 없다는 사람도 있는데 대개 휴일에는 낮잠을 자거나 텔레비전을 보는 것이 전부인 경우다. 월요일부터 열심히 일을 했으니 쉬겠다는 것은 이해된다. 하지만 그런 패턴이 굳어져 정년퇴직 후에도 방에서만 뒹굴게 된다면 곤란하다.

취미는 자신의 인생에 각자의 색을 입히는 것과 같다. 취미를 통해 다양한 사람들과의 교류가 가능해지고 인격 형성에도 도움이 된다. 일이 아닌 취미 속에서의 인간관계 역시 플러스적인 요소인 것이다.

취미의 스승에 적합한 사람은 모나지 않고 솔직하며 함께 있으면 즐거워지는 성격이어야 한다. 취미에 심취할 때는 평상시의 근심을 잊고 마음을 여유롭게 해야 하기 때문에 화기애애한 분위기가 무엇보다 중요하다.

인생에 있어 세 명의 스승을 찾아내는 노력이 중요하다. 좋은 스승을 만나게 되면 모든 면에서 성장할 수 있는 기회가 되기 때문이다. ✤

HABITS TO SUCCESS

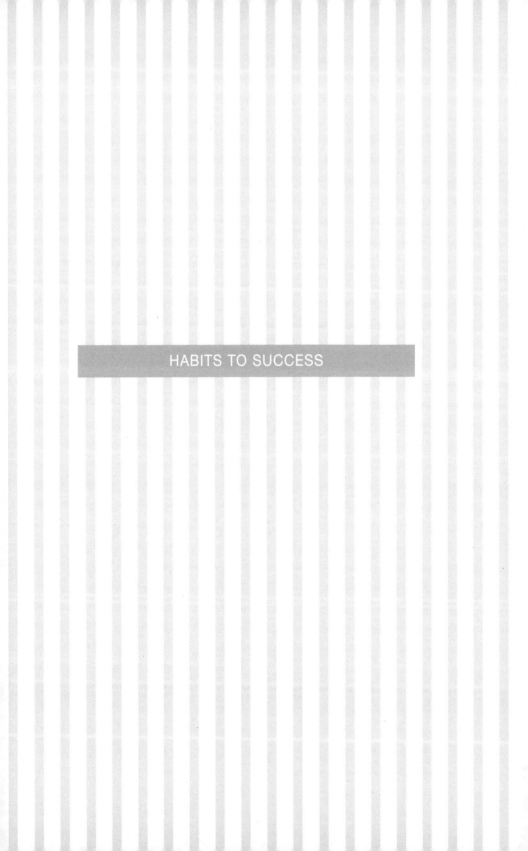

HABITS TO SUCCESS